وجهات نظر

Perspectives
Arabic Language and Culture in Film

Zainab Alwani

Nasser M. Isleem

Mbarek Sryfi

Alucen Learning

Publisher: Scott Gravina

Manuscript Editor: Ala'i Awwad / Bilingual Solutions

Production Controller: Joshua Lubov

Cover Image: © Jesse Karjalainen/istockphoto

Printer: Next Generation Printing, Inc.

© Copyright 2009 Alucen Learning.

ISBN 10: 0-9821595-1-X

ISBN 13: 978-0-9821595-1-4

ALL RIGHTS RESERVED.
This book is published by Alucen Learning. No part of this publication may be reproduced or transmitted in any form or by any means, electronic or mechanical, including photocopying, or by any information storage or retrieval system without the prior written permission of the publisher.

www.alucen.com

Printed in the United States of America

1 2 3 4 5 6 7 8 9 10 11

Contents

Preface v

About the Films xi

About the Authors xiii

The Films

The Olive Harvest, Palestine, 2003 1

Rana's Wedding, Palestine, 2002 23

Paradise Now, Palestine, 2005 41

Against the Government, Egypt, 1992 59

Nasser 56, Egypt, 1996 77

Hello America, Egypt, 2000 93

Yacoubian Building, Egypt, 2006 109

Ali Zaoua, Morocco, 2000 125

Le Grand Voyage, Morocco, 2004 139

Credits 153

Preface

About *Perspectives*

Based on nine highly acclaimed feature films from Palestine, Egypt and Morocco, *Perspectives* is designed for students of Arabic language and culture at the intermediate to advanced level. It may be used either as the primary text in a culture, conversation or film course or as an enriching supplement to any existing language program. Instructors will find that the variety of activities offered through *Perspectives* supports a practical introduction of culture in the classroom and allows for great flexibility to meet students' needs and abilities. For students, the direct contact with authentic materials provides a significant, interesting and meaningful context in which to continue to develop linguistic competence.

Increased exposure to authentic language use in context promotes learners' linguistic development. In this regard, films not only provide an excellent resource for learning language and culture but serve as an outstanding point of departure that encourages stimulating content-based discussion and analysis. These films provide a critical perspective on specific social, economic and political forces that have shaped many aspects of the Arabic-speaking world and represent an opportunity for students to experience these situations "first-hand" through the director's lens. Based on the content and themes presented in the films, the activities in *Perspectives* are designed to promote a heightened cultural awareness and encourage meaningful development of linguistic skills. Furthermore, the use of films in language courses has proven to captivate students' attention and stimulate intellectual curiosity in a way that can often only be achieved through such an engaging medium.

Featuring a content-based, communicative approach to language learning, *Perspectives* aims to stimulate linguistic production through carefully-planned activities, thought-provoking discussions, interpretation, dramatization and critical analysis. With each chapter based on one full-length feature film from Egypt, Morocco or Palestine, students will be constantly engaged and supported in the development of all major skills necessary for linguistic competence in reading, writing, listening and speaking. In accordance with the National Standards of Foreign Language Learning, *Perspectives* integrates communication, cultures, connections, comparisons and communities, encourages students to keep an open mind and promotes a desire to learn more about the Arabic-speaking world. Faced with multiple perspectives presented throughout the films, the use of this text further equips students to communicate their own ideas and describe, analyze or defend a particular point of view.

The Activities

Perspectives offers students the opportunity to improve their linguistic abilities, collaborate, share, express ideas and develop communication skills within the context of a fascinating journey through some of the most significant Arab films to hit the big screen in recent years. In addition to valuable insight into both colloquial and Modern Standard Arabic, *Perspectives* presents and encourages language use in context while offering a wealth of activities to explore culture, history, geography, the arts and society.

All activities in *Perspectives* are in Arabic and progress according to level of difficulty and required student input, allowing the instructor to choose to utilize only those which are most appropriate for his or her students. The activities in each chapter are contextualized within the framework of one specific film, reinforcing the use of language within a meaningful context while providing students with the opportunity to develop oral/aural and written competence in the language. Many activities also allow students to relate the context of the film to their own personal lives, compare and contrast, analyze and offer personal opinions. With *Perspectives*, students will broaden their vocabulary, enhance their cultural awareness, share ideas, discuss, debate and analyze, but more importantly, hopefully find enjoyment in and an appreciation for the language learning experience.

Chapter Components

Depending on available class time and resources, the flexibility of *Perspectives* allows the instructor to choose how students complete the chapter activities. Some exercises may be assigned for homework while others are better suited to pair or small group work in class to optimize the development of student collaboration and communication skills.

Chapter Opener

Plot Summary The summary provides an overview of the main characters and events presented in each film. Without giving away too many details, students will benefit from this brief synopsis and be better prepared to comprehend the film.

In Context This main reading gives students the necessary background information for a more complete cultural understanding of the political, economic and social context of the film. It is suggested that students read the two main texts of the Chapter Opener prior to watching the film.

Pre-viewing Activities

Opening Questions This series of open-ended questions is based on topics that will be explored in the chapter/film. Questions often relate topics presented in the film to students' lives, ask for opinions, predictions and check students' previous knowledge of cultural topics.

Topics for Investigation These suggested research topics promote a deeper cultural understanding of many of the ideas and concepts that are presented in the film. The instructor may assign topics to individual students or groups and have them present their research to the class.

Vocabulary

Selected Words and Phrases The vocabulary for each chapter is given in the colloquial dialect of the film, its Modern Standard Arabic equivalent and an English translation. Vocabulary words and phrases are taken directly from the film and serve to better prepare students to talk about the major aspects of each film.

Activities This additional practice further reinforces the active vocabulary for each chapter. The words and phrases presented in this section are often recycled throughout the chapter.

Content/Discussion

Description of Characters These activities are designed to enable students to identify the main characters and describe specific aspects of each, such as personality, mannerisms, occupation and relationships.

Analysis of Characters A series of thought-provoking questions provides the opportunity for students to explore the main characters, their ideas and actions. Questions are specifically designed to elicit opinion, critical thinking and analysis.

Comprehension These content-based activities serve to verify students' understanding of the main story line. Comprehension questions are designed to be more straight-forward than the discussion questions that follow but can be further exploited through in-class discussion.

Conversation/Analysis of the Story These questions are designed to stimulate class and group discussion based on the major themes presented in the film. It is suggested that students review these questions before watching the film. Depending on their level, students may compare and contrast answers, justify responses or further elaborate either in writing or orally to the class.

Debate Utilizing essential information learned from the film, students will analyze the main conflicts, social situations and events that are presented, compare and contrast, formulate ideas and express opinions. Debates may be completed in small groups or as a class but students should be given time to prepare their ideas before presenting. Depending on the situation, roles may be assigned either in support of or against a specific argument regardless of any personal point of view. Here students will be expected to defend the perspective they are assigned.

Interpretation/Creation

Dramatization This interpretative activity allows students to create original dialogues based on a series of possible scenarios from the film. Students may be asked to recreate these situations, use their knowledge of the events to create their own version of reality or invent original ideas based on what they think may happen in scenes not included in the film. Dialogues may be written as a script and/or performed for the rest of the class.

Topics for Compositions For additional writing practice, a series of composition or essay topics provides a list of ideas based on prominent themes presented in the film. The instructor may choose to have students work collaboratively in groups or independently as a graded assignment in addressing these topics.

The Films

Each film in *Perspectives* has been selected based on its appeal to a student audience, the relevance of cultural topics explored, linguistic compatibility and availability. The films may be rented or purchased through many university and local libraries, retail outlets or online. Additional information about each film and where it may be purchased can be found at www.alucen.com/perspectives. All films are available with English subtitles.

	Arabic Title	English Title	Country	Director	Year
1	حصاد الزيتون	The Olive Harvest	Palestine	Hanna Elias	2003
2	عرس رنا	Rana's Wedding	Palestine	Hany Abu-Assad	2002
3	الجَنّة الآن	Paradise Now	Palestine	Hany Abu-Assad	2005
4	ضد الحكومة	Against the Government	Egypt	Atef Eltaieb	1992
5	ناصر 56	Nasser 56	Egypt	Mohamed Fadel	1996
6	هالو أمريكا	Hello America	Egypt	Nader Galal	2000
7	عمارة يعقوبيان	Yacoubian Building	Egypt	Marwan Hamed	2006
8	علي زاوا	Ali Zaoua	Morocco	Nabil Ayouch	2000
9	الرحلة الكبرى	Le Grand Voyage	Morocco	Ismael Ferroukhi	2004

Depending on available class time and technological resources, films may be shown in class, at a separate screening or on students' own schedule outside of class through library reserves or streaming online through course management software. Each viewing method presents its own benefits and drawbacks, but the latter will permit students to watch the films as many times as necessary to ensure a more complete understanding, provide the capability to rewind certain sections of the film, repeat and imitate authentic use of the language and allow in-class time to be used more effectively for language practice and development.

Each film and corresponding chapter is designed to be used independently and need not be followed sequentially. The instructor may choose to use only those films which will be of most benefit to the specific pedagogical goals of the class, students' needs or of any particular geographic, cultural, thematic or linguistic interest. Working with multiple films will provide additional opportunities to compare and contrast characters, plots, settings, cultural norms and perspectives.

Regardless of how *Perspectives* is utilized, the experience will prove to be linguistically and culturally rewarding for both students and instructors while inspiring all to seek a better understanding of the world that we share.

The Authors

Zainab Alwani

Zainab Alwani is a professor and the Director of Islamic and Arabic studies at Northern Virginia Community College (NOVA). She also teaches Arabic studies at the School of Advanced International Studies at Johns Hopkins University (SAIS), where she developed courses in Arabic Studies that focus on the link between Islamic Philosophy, language and culture. In addition to her many publications in both English and Arabic, Professor Alwani brings over 15 years of teaching and curriculum development experience in Arabic and Islamic Studies, is the first female *Jurist* on the Fiqh Council of North America and a board member on numerous academic, civil and social service organizations. Professor Alwani is also an educator at a number of Consortium institutions including Cordoba University, the Washington National Cathedral and Wesley Theological Seminary. Zainab Alwani created the chapters for *Against the Government, Nasser 56* and *Hello America*.

Nasser M. Isleem

Nasser M. Isleem is a native of Palestine and brings many years of experience teaching all levels of Arabic language and culture at UNC-Chapel Hill, Duke University and Meredith College. Professor Isleem specializes in teaching Arabic to non-Arabic speaking students and his professional interests include Arabic language and culture as well as Egyptian and Palestinian dialects. He is also deeply committed to training teaching assistants to help them better realize their potential through the integration of culture in language teaching. Professor Isleem is the recipient of the 2006 UNC-Chapel Hill Student Undergraduate Teaching and Staff

Award. Nasser Isleem created the chapters for *The Olive Harvest, Rana's Wedding* and *Paradise Now*.

Mbarek Sryfi

Mbarek Sryfi is a native of Morocco and professor of Arabic language at the University of Pennsylvania. Professor Sryfi is currently a Ph.D. candidate in Arabic Literature and Islamic Studies at the University of Pennsylvania in the area of Modern Literature. He also holds a Masters degree in Education and is Assistant Professor Adjunct at Mercer County Community College. Professor Sryfi has co-translated several short stories from Arabic to English and is currently co-translating an anthology of contemporary short stories. Mbarek Sryfi created the chapters for *Yacoubian Building, Ali Zaoua* and *Le Grand Voyage*.

1
حصاد الزيتون
The Palestinian submission for the ACADEMY AWARD and the GOLDEN GLOBE in the foreign language category 2005
Silver Pyramid Prize Cairo Int'l Film Festival Best Arab Film & Jury award
Honorable Mention San Francisco Int'l Film Festival The Sky Prize
Official Selection American Film Institute Int'l Film Festival
Finalist Sao Paolo International Film Festival First Time director
The land or the heart.
A Palestinian love story...
The Olive Harvest
A Film By
Hanna Elias

مختصر حبكة الفيلم:

فيلم "حصاد الزيتون" (موسم الزيتون) يرسم لنا صورة للحياة في القرى الفلسطينية من خلال قصة حب مزدوج بين أخوين وابنة عمهما. الفيلم تطرّق إلى وصف حب أهل القرية العميق لكروم زيتونهم وإلى حق المرأة في اختيار مكان سكنها وشريك عمرها. ومما زاد من تعقيدات القصة وجود مستوطنة إسرائيلية تغير على أراضي أهل القرية. يعتبر هذا الفيلم من الأفلام الرائعة التي تتصف بجرأة عالية في تناولها لقضايا حساسة مثل (الحب والجنس والدين والسياسة والعادات والتقاليد). ويبحث هذا الفيلم عن حلول للنزاع بين الموروث والمحافظة على الأرض وبين الحياة المعاصرة والسياسة والهروب إلى المدينة. الفيلم عبارة عن قصة حب للوطن، وقصة حب للأرض والزيتون وتفضيلهما من قِبَل بعض الناس على السياسة والعمل في السلطة. ولقد تناول الفيلم أعماق الحياة الاجتماعية والسياسية الفلسطينية حيث مجالس النساء والفتيات وأحاديثهن الحميمة عن الحب. الفيلم يقول لنا إن المجتمع الفلسطيني يعاني من الإستيطان والاحتلال العسكري وإنّ كروم الزيتون تتعرض أشجارها للقلع المستمر من قبل جرّافات الاحتلال.

سياق وقائع الفيلم:

يخرج مازن (الأخ الأكبر) من سجون الاحتلال ويستقبله أخوه طاهر (عضو في البرلمان الفلسطيني ونشط في رفض الاستيطان) ويأخذه إلى بيت عمهم أبو صالح (أبو عرين ورائدة) وزوج (كوكب). يستقبل أهل القرية مازن بالأهازيج والرقص ويركب الفرس وكأنه عريس في زفة فلسطينية حيث يقابلونه بالأرز والورود.

رائدة، التي تحب طاهر، تحتار في أمرها بين حبيبها (طاهر) و (مازن) الرومانسي العاشق الجديد لها والذي بحث عن حبه القديم (مريم) ولم يجدها فصار يبحث عن حب جديد.

طاهر ينتظر زواج مازن حتى تخلو له الطريق ويتزوج من رائدة، فحسب العادات الاجتماعية الفلسطينية فإن الكبير يتزوج قبل الصغير. ويكتشف طاهر علاقة رائدة بأخيه مازن فيدور بين الأخوين صراع على قلب إبنة العم. وعندما يجبرها والدها على الزواج من مازن وتلبس ملابس العرس، يثور طاهر فيحرق شجرة الزيتون التي كان يجتمع تحتها برائدة. أبو صالح المتعلق بالأرض يفضّل مازن الذي عشق الأرض، فيرغب في تزويجه ابنته رائدة من أجل المحافظة على الأرض التي هجرتها ابنته (عرين) لتستقر في مدينة رام الله، وكذلك طاهر الذي ترك الريف ليهتم بالأمور السياسية حيث مقرات السياسة.

معظم أحداث الفيلم تجري في موسم الزيتون في فلسطين الذي هو مليء بالقصص الجميلة في أحضان الطبيعة الفلسطينية. ويظهر الفيلم جوانب جمال القرية حيث منظر الأرض وأشجار الزيتون والرعي والغنم في الحقول والقطط التي تجوب الشوارع والبيوت. ويظهر الفيلم عمق ارتباط الإنسان الفلسطيني بأرضه .

الفتاة رائدة بقيت حائرة بين الأخوين بعد الضغوط الاجتماعية عليها بالزواج من مازن وهي لا تستطيع أن تُصَرِّح للجميع عن علاقتها بطاهر. فالحب محرّم في القرية، أو غير مقبول التكلم عنه. الحب السري ينتهي إلى تصعيد درامي، يتنازع فيه الأخوان على رائدة الجميلة، وينهمر المطر في آخر الفيلم ليخمد نار الحب المتأججة في القلوب والمشتعلة في شجرة الزيتون، حين تتبع رائدة طاهر الهائم على وجهه في الحقول، وتترك عريسها مازن حائراً بين قلبه وأخيه طاهر الذي تحطّمت حياته على يد أخيه وتدمّر هذا الحب بسبب العادات الاجتماعية التي فرقت بين قلبه وحبيبته.

أسئلة عامة:

1. ماذا تعرف عن مدينة رام الله من حيث تاريخها، موقعها الجغرافي، سكانها، أهميتها بالنسبة للسلطة الفلسطينية، موقعها من القدس، إلخ؟

2. ما هي أهم المحاصيل الزراعية في كل من غزة والضفة الغربية؟ ماذا تعرف عن الزراعة في المناطق الفلسطينية والوضع الزراعي الحالي هناك والصعوبات التي يواجهها؟

3. في رأيك، هل يستطيع الإنسان الفلسطيني التنقل بسهولة بين مدن وقرى الضفة الغربية وغزة؟ ما الأسباب وراء ذلك؟

القسم الأول: القراءة والفهم والاستيعاب

أسئلة ما قبل المشاهدة:

1. ما رأيك في قضية زواج الأقارب؟ هل يعتمد رأيك على أصل ديني أو ثقافي؟ كيف؟

2. ما هي أهم المحاصيل الزراعية الموجودة في بلدك؟ هل هناك أجواء خاصة لبلدك أثناء موسم الحصاد؟ هل الأجواء مختلفة عن أجواء موسم الزيتون في المناطق الفلسطينية؟

3. كيف ترى حال أمريكا (اقتصادياً، سياسياً، اجتماعياً، إلخ.) لو تمّ وضع حواجز عسكرية بين الولايات أو مدنها وتمّ فصلها عن بعضها البعض؟

4. ما موقفك لو أنّ بلداً آخر(الصين مثلاً) اشترى أجزاء كبيرة من الولاية التي تعيش فيها وبدأ في شق الشوارع وفتح الأسواق الخاصة بالصينيين فقط؟ هل أنت مع هذه الفكرة أو ضدها ولماذا؟

5. ماذا تفعل لو أنّ أخاك أو أقرب صديق لك أخذ منك حبك الأول؟

مواضيع للبحث والتقديم الصفي:
ابحث بواسطة استخدام الإنترنت أو كتب ومراجع من المكتبة، إلخ. في المواضيع التالية:

1. المستوطنات الإسرائيلية في المناطق الفلسطينية (تاريخها وتأثيرها على حياة الشعبين الفلسطيني والإسرائيلي وعلى المسيرة السلمية).

2. العلاقة بين الإنسان الفلسطيني وشجرة الزيتون من الناحية الاجتماعية والتاريخية والاقتصادية واستعمالات الفلسطينيين للزيتون وعناصره في حياتهم.

3. القيمة الدينية للزيتون (الزيتون في القرآن، زكاة الزيتون، ذكر الزيتون في الأحاديث النبوية، الصفات العلمية للزيتون).

4. مدينة رام الله (طبيعتها الجغرافية، أهميتها السياسية، التركيبة السكانية والطائفية، القرى المحيطة بها، المستوطنات المجاورة، موسم الزيتون فيها، إلخ.)

5. الأعراس الفلسطينية وطبيعتها.

القسم الثاني: المفردات

أهم المفردات والعبارات التي وردت في الفيلم:

الكلمة أو العبارة بالفصحى	المقابل لها بالعامية	المعنى بالإنجليزية
السَّجْن، السِّجون	السِّجِنْ،السُّجون	Jail
الأرْض ، الأراضي	الأرِض،الأراضي	The land
حاجز عسكري، حَواجز عسكرية	محسوم،محاسيم	Military checkpoint
السُّلطة الفِلَسْطينيَّة	السُّلْطة الفَلَسْطينيِّة	The Palestinian Authority
المَجْلِس التشريعي	المجلس التشريعي	Legislative Council
جرّافات الاحتلال	جرّافات الاحتلال	Occupation bulldozer
الحكومة الإسرائيلية	الحكومة الإسرائيلية	The Israeli government
قَرْيَة فِلسطينيَّة	قرِية فَلَسْطينيَّة	Palestinian village
كَرْم الزيتون، كُروم الزيتون	كَرِم الزتون، كْروم الزّتون	Olive orchards

الكلمة أو العبارة بالفصحى	المقابل لها بالعامية	المعنى بالإنجليزية
حمداً لله على سلامَتك، أنرت المكان الجواب: سلّمكَِ الله! مُنارةٌ بسكانها	حَمْد اِلله عَ السلامة، نَوّرت البلد الجواب: الله يْسَلّمَِك! مْنَوّرِهْ بيكو	Said to someone who comes home after a long absence. It means "Thank God for your safety. Your presence has illuminated the place."
أريدكِ،اِنتظري قليلاً!	بِدّي إيّاكي، اسْتَنّي شْوَيْ!	I want you! Wait a minute!
أعطني قُبلَة! لا أريد	هاتي بوسِةْ! بِدّيش!	Give me a kiss! I do not want to!
هذا ليس من حقك!	مِش من حَقّك!	You have no right!
يا الله! إنني أفتقد الأيام الماضية كثيراً!	ساق الله عَ أيام زمان!	Oh God! I miss those days!
اهْدأي ولا تكوني مُتَوَتّرة!	هَدّي أعصابِك!	Calm down!
لذلك!	عَلَشان هِيك	Therefore
أين أنتَِ ذاهب/ـة؟	وين رايِح/ـة؟	Where are you going?
استفد من الفرصة المتاحة لك الأن	اضرب الحديد وهوّ حامي	Strike while the iron is hot. Proverb that urges one to seize the moment at hand.
هنا جيّد!	مْنيحْ هون!	It is good here!
لقد فاتتك الفرصة!	راحَتْ عليك!	You missed the chance!
الأمر لا يعنيك!	ما خَصّكاش!	It's none of your business! It does not concern you!
لا، لا يوجد أحد هنا!	لأ، فِشّ حدا هون!	No, no one is here!
ليس بعد!	لِسّة!	Not yet!
خُذ حَذَرك! إيّاك ثم إياك	إوعَك، إيّاك ثمّ إياك!	Beware! Don't you dare!

الكلمة أو العبارة بالفصحى	المقابل لها بالعامية	المعنى بالإنجليزية
ليس هناك شخص أجمل منك! جميل/ـة	ما فِش أشْلَبْ مِنّك! شَلَبي/ـة: بِنِت شلبية!	No one is as beautiful as you! Good looking!
زادك الله عافية! عافاك الله!	يَعْطيك العافْيِة! الله يْعافيك!	May God give you health! Said to someone who works hard and *"Allah yi'aafiik"* is said as a response – meaning "likewise."
هيّا، هيّا بِدون كَسَل!	يللا، يللا بَلا كَسَل!	Hurry up! Stop being lazy.
كيف تجرؤ على القيام بهذا دون علمي؟	هيك تِعْملها من وَرا ظهري؟	How dare you go behind my back?
اطلب ما تشاء! الجواب: أدام الله بصرك	عيوني إِلَكْ! الجواب: يْخلّي لي عْيونَـِك!	Literally means "My eyes are yours," or I will do whatever you wish! Answer: "May God preserve your eyes."
بسرعة يا أمي!	شَهلي يَمّه!	Hurry up mom!
لا أقصد!	مِش قَصْدي!	I do not mean it!
الذي لا يملك أرضاً لا يملك عِرضاً!	اللي ما إِلَهْ أرِضْ ما إله عَرِض!	Proverb that means: He who has no land has no honor.
اعتَمِد عليّ!	اِرْكِنْ عليَّ!	Rely on me!

أكمل الحوار باستخدام الكلمات أو العبارات من القائمة أعلاه: (قد يختار المدرس أن تُستخدم العامية الفلسطينية لهذا التمرين)

الأم: الحمد لله على ____________ , __________ يا ولدي.

علاء: ______________________________. أنا

جوعان جداً يا أمي، ماذا عندك؟

الأم: اطلُب _____ يا حبيبي!

علاء: _____ ولكن بسرعة يا أمي.

الأم: _____ عليّ! اهدأ ولا _____ سيَجْهَز الفلافل والحمص مع زيت الزيتون والتبولة والزيتون في أقل من نصف ساعة.

علاء: أنا لا _____ أن أتعبك يا والدتي ولكن قصدي أن تحضّري أكلاً خفيفاً وسريعاً.

الأم: هيا، _____. تعال إلى المطبخ لتساعدني!

علاء: ليس بعد يا والدتي، _____ قليلاً.

الأم: يا ولدي، _____ حامي! _____ حذرك! الأكل ساخن ولا تأكل بسرعة يا عيوني.

علاء: ما شاء الله! ليس هناك _____ من طعامك في كل الدنيا. _____ يداك _____ العافية يا أغلى الناس يا حبيبتي يا أمي.

الأم: _____ و_____ والشفا يا ابني.

ماذا تقول لزملائك في المواقف التالية؟ (استخدم الكلمات أو العبارات من قائمة المفردات):

1. زميلك متردد في الاعتراف بحبه لشخص في الجامعة.

2. زميلك/زميلتك المتردد تكلم أخيراً مع ذلك الشخص الذي هو معجب به منذ زمن والذي بدأ علاقة عاطفية مع شخص آخر.

3. جاء صديق عزيز لزيارتك في بيتك بعد غياب طويـــل!!

4. لك صديق غاضب جداً لأنه فَشِل في الامتحان.

5. تريد أن تقول شيئاً جميلاً تغازل به حبيبتك.

6. صديقك قرر أن يذهب للتزلج لأول مرّة في حياته.

7. دخلت البيت ووجدت والدتك متعبة من العمل المنزلي والعمل طوال النهار.

8. دخلت البيت ووجدت صديقك يقول كلاماً عاطفياً لحبيبتك!!

9. صديقك نائم ولا يريد الخروج.

حصاد الزيتون

إختر الإجابة الصحيحة:

1. _____ الفلسطيني موجود في رام الله.
   أ. الأراضي ب. الحكومة الفلسطينية
   ج. المجلس التشريعي د. العملاء

2. هناك _____ عسكرية كثيرة بين رام الله والقدس.
   أ. عملية استشهادية (انتحارية) ب. حواجز
   ج. قرى د. أرض

3. ياسر عرفات كان رئيس _____.
   أ. السلطة الفلسطينية ب. الفصائل الفلسطينية
   ج. العملاء د. البطالة

4. أحياناً تقوم _____ الاحتلال بتدمير الكثير من مباني الفلسطينيين واقتلاع أشجار الزيتون.
   أ. سجون ب. حواجز
   ج. مستوطنات د. جرافات

5. كثيراً ما ينتظر الفلسطينيون المسافرون ساعات طويلة على _____.
   أ. الأراضي ب. المحسوم
   ج. الكفاح المسلح د. الحكومة

6. _____ في فلسطين مليء بالقصص الجميلة والذكريات الحلوة.

أ. الحزام الناسف   ب. الجدار الفاصل

ج. موسم الزيتون   د. تصريح العمل

7. بعد معاهدة "كامب ديفيد" بين مصر وإسرائيل، أصبح حوالي نصف مدينة "رفح" واقعاً في _____ المصرية والنصف الآخر في المنطقة الفلسطينية في قطاع غزة.

أ. الأراضي   ب. السجون

ج. القضايا   د. المستوطنات

8. كثير من الإسرائيليين يطالبون _____ الإسرائيلية بإنهاء _____ ووقف بناء _____ .

الفراغ الأول:

أ. الحكومة   ب. الاحتلال

ج. القرى   د. البطالة

الفراغ الثاني:

أ. الضفة الغربية   ب. كروم الزيتون

ج. الجرافات   د. الاحتلال

الفراغ الثالث:

أ. الجدار الفاصل   ب. الكفاح المسلح

ج. القضايا   د. الفصائل

9. هل تعتقد أنّ كلّ __________ المقاومة الفلسطينية تؤيد عملية السلام مع إسرائيل؟

أ. حزام ناسف ب. المجلس التشريعي

ج. سجون د. فصائل

دراسة الشخصيات الرئيسية في الفيلم:

أعطِ الشخصية التي تفضّلها أكثر من الشخصيات الأخرى (رقم 1) والتي تفضلها الأقل (رقم 6). علل أسباب العلامة.

رائدة	عرين	كوكب
طاهر	مازن	أبو صالح

ناقش الشخصيات التالية من حيث:

البعد الجسدي (الشكل ، الصوت..)

رائدة:

طاهر:

مازن:

البعد النفسي والاجتماعي (الجانب العقلي والانفعالي والتربية والبيئة):

أبو صالح:

رائدة:

طاهر:

مازن:

عرين:

القسم الثالث: المحادثة والنقاش

دراسة وتحليل شخصيات الفيلم:

1. ما هي الأسباب التي دفعت رائدة للوقوع في حب مازن بالرغم من حبها لطاهر؟

2. في رأيك، أيّ من شخصيتيّ طاهر ومازن مناسبة أكثر لرائدة ولماذا؟

3. لو شاءت الأقدار وتزوجت عرين بمازن، ما هي أهم المشاكل التي تتوقع حدوثها؟ أذكر الأسباب.

4. ما هي أهم أسباب إصْرار أبو صالح على زواج مازن من رائدة وعلى رفضه فكرة إقامة عرين في رام الله؟ ماذا تفعل لو كنت مكان عرين ورائدة؟

5. كيف تتعامل مع شخصية ومواقف أبو صالح لو كنت أخاً لرائدة وعرين؟

6. لماذا قرر أن يضع كاتب الفيلم شخصية مازن في القالب الرومانسي؟ ولو كنت أنت كاتب الفيلم، كيف ترسم شخصية مازن؟

تخيّل ردود أفعال الشخصيات في المواقف التالية:

1. ردة فعل مازن لو شاهد طاهر وهو يُقَبِّل رائدة تحت الزيتونة.

2. ردة فعل والد رائدة عند هروبها في آخر الفيلم، لو أنّه تَبِعَها وشاهد ما حدث بينها وبين الأخَوَين

3. ردة فعل العم وأبناء أخيه لو دخلت الجرّافة الإسرائيلية لتقلع أشجار الزيتون في كرم زيتون أبو صالح.

4. ردة فعل رائدة وطاهر بينما كانا يجلسان مع مازن في الطريق إلى القدس وعند حاجز عسكري لو كان مازن يتعرض للضرب من جنود إسرائيليين.

5. ردة فعل رائدة لو قتل طاهر مازن في آخر الفيلم.

مَن قال الجمل التالية وفي أي موقف (متى)؟ :

1. **بالعامية:** "أهلاً بيك في فَلَسطين، بس لو إنّو إمي وْأبوي طيبين يْشوفوك طالع مِن السجن."

بالفصحى: "أهلاً بِكَ في فِلَسْطين. آه! كم أتمنى لو كان والداي حيّين ليرياك وأنت تخرج من السجن."

2. **بالعامية:** "أنا أخباري مْنيحة، بَشْتغل قاعدِة في رام الله مرشدة اجتماعية وفي مدرسة لأولاد صْغار هيك قُلِتْ بَلْكي بِطْلَعلْنا جيل غير شكل."

بالفصحى: " أموري جيدة. إنني أعمل مرشدة اجتماعية في مدرسة أطفال في رام الله لعل الجيل القادم يكون أفضل مما نحن عليه."

3. **بالعامية:** "مش من حقك تْقلّي هيك، هادا بيتي أنا جاي أشوف إمي وْأختي أنا ساكنِة هون."
بالفصحى: " ليس من حقك أن تقولَ لي هكذا فهذا بيتي وقد جئتُ إليه لأرى والدتي وأختي. أنا أسكن هنا."

4. **بالعامية:** "أنا كُنِت زيّ الهَبْلَة ماعْرِفْتِشْ أبوسه.. حَسّيت إشي سُخُنْ إجا عَ شْفافي.. آخْ."
بالفصحى: " كنتُ كالبَلْهاء لا أعرف كيف أُقَبّله.. شعرت بشئ ساخن لامَسَ شفتاي ..آه."

5. **بالعامية:** "صاحبتي رائدة، أنا كُنِتْ بِدّي أتْجَوّزْها..أنا كُنِت بِدي أَحْكيلك، بَسّ اسْتَحيت أحكيلك لَحَدّ هَلّلإ."
بالفصحى: "رائدة حبيبتي، كُنْتُ أريد أن أتزوّجها.. وقد أردت أن أقول لك هذا ولكنني شعرت بالخجل إلى أن حانت هذه اللحظة."

6. **بالعامية:** "بدي إيّاكِ تتجوزيه بكرة، تلبسي الطّرْحة البيضا، مازن بِدير بالو عليكِ وْعَ الأرِض يابا وْ عَ الزّتونِة الِكْبيرِة وْاللي ما إلو أرض ما إلو عَرِض يابا."
بالفصحى: "أريد منك أن تتزوجيه غداً، وأن تَلْبَسي فُستان العرس الأبيض، مازن سيرعاك وسيرعى الأرض يا بنيّتي وسيرعى شجرة الزيتون الكبيرة، مَن لا يملك أرضاً لا يملك الشرف يا ابنتي."

7. **بالعامية:** "حَلَبِك مازن، سَقاكِ مازن، شو اللي أعْطاكِ مازن ما اعْطيتْكيش إيّاه؟ أعْطيتِك كُلّ إشي، أمّنْتِلّك حبي أعطيتك، ليش إتْفَضْلي أخوي عَنّي؟ حبي أعطيتك إياه، ليش؟!! بْصِحْتِك!

بالفصحى: "هل حلَبَكِ وسقاكِ مازن؟ ماذا قَدّم لك من شئ لم أقُم أنا بتقديمِه لك؟ قدّمت لك كل شئ، أعطيتك الأمان والحب. لماذا فَضّلتِ أخي عَلَيّ؟ أعطيتك حبي. لماذا؟ في صحتكِ!

أسئلة الفهم:

أجب بـ (صح) أو (خطأ) (مع ذكر السبب في حالة الخطأ):

1. خرج مازن من بوابة السجن وكان الجميع في استقباله.

2. كان طاهر يريد بحق الزواج من رائدة ولكنه كان ينتظر أن يتزوج مازن قبله لأسباب مالية.

3. اختارت عرين السكن في رام الله لأنها لا تحب حياة القرية خاصة أنها شابة مُستقلة في شخصيتها.

4. رائدة كانت الحب الأول والأخير بالنسبة لمازن.

5. أول قُبلَة تبادلها الحبيبان طاهر ورائدة كانت أثناء موسم الزيتون تحت الشجرة.

6. علاقة أبو صالح مع الزيتون كانت قائمة على حب أبو صالح للمال والمادّة.

7. طاهر كان مهتماً بالبنات فقط.

8. دخل أبو صالح المستشفى بسبب غضبه الشديد من عرين والذي أثّر على قلبه.

9. عندما كان أبو صالح على فراش الموت طلب من رائدة أن تتزوج مازن فوافقت في الحال.

10. طاهر أحرق الشجرة في النهاية لأنه يكره شجر الزيتون.

المحادثة وتحليل قصة الفيلم: (اسأل زملاءك)

1. كيف تم استقبال مازن من قِبَل رائدة وأهالي القرية عند دخوله إليها بعد خروجه من السجن؟ ما رأيك في طريقة الاستقبال؟

2. بعد خروج مازن من السجن، ماذا كان رأيه في المستوطنات ومن يعمل في بنائها من الفلسطينيين؟

3. لماذا كان طاهر يؤجّل الزواج من رائدة على الدوام؟ هل ترى أن أسبابه جيدة ومقنعة؟

4. ما رأي الوالدة (كوكب) في الحب بشكل عام؟

5. لماذا جاء طاهر إلى كرم الزيتون عندما كان مازن ورائدة هناك؟

6. ماذا كان مازن ورائدة يفعلان؟

7. في رأيك، هل كان يتوقّع طاهر أن يشاهد مازن ورائدة في تلك الحالة؟

8. هل توقعت ردة فعل أعنف من طاهر تجاه أخيه مازن؟ ما هي؟

9. لماذا طلب أبو صالح (الذي كان على فراش الموت) من كل من رائدة وطاهر ومازن الدخول عنده في الغرفة؟

10. هل كان يتوقع طاهر ما طلبه عمه أبو صالح عندما زاره في بيته وهو على فراش الموت؟ لو كنت مكان صالح في تلك اللحظة فماذا كنت ستفعل؟

11. أين هربت العروس في آخر الفيلم ولماذا؟

مواضيع للمناقشة:

فيما يلي مواضيع جادة لخلق جو حواري بين الطلاب في مجموعات:

1. شجرة الزيتون هي شعار الحياة والسلام في فلسطين. هل هو جنون الحب الذي أدّى إلى حرقها (اغتيال شجرة الزيتون جريمة في نظر الفلسطينيين)، أم أنّ حرقها كان بمثابة صرخة ضد العادات والتقاليد؟

2. بعض الناس يفضل الحياة القروية بما فيها من مواريث وعادات وتقاليد ووجوب الحفاظ علي الأرض والإبقاء على شجرة العائلة، بينما هناك جزء آخر من الناس يبحث عن الحياة المعاصرة وتعقيداتها في المدينة.

3. المستوطنات الإسرائيلية كانت وما زالت تُشكّل عبئاً حقيقياً في تحقيق السلام بين الإسرائيليين والفلسطينيين. لقد أصبحت حياة الفلسطينيين أكثر تعقيداً مع وجود المستوطنات والفلسطينيون دائماً ينادون بأن تقوم الحكومة الإسرائيلية بتخليصهم منها. وتنادي نسبة كبيرة من الإسرائيليين كذلك بضرورة إزالتها والتخلص منها مع أن هناك فئة قليلة ترى وجوب إبقائها.

التمثيل المسرحي:

1. تخيل أنّ رائدة أفصحت لوالدها أبو صالح (الذي هو على فراش الموت) بما في قلبها من حب سري لطاهر:

الطالب الذي يلعب دور رائدة:

الطالب الذي يلعب دور أبو صالح:

2. تخيل أنك أبو صالح ووافقت أن يجئ كل من طاهر ومازن ليقنعاكَ بحبهما وإخلاصهما وجدارة كل منهما للفوز بقلب رائدة. أنت جالس و تستمع لتقرر بعد ذلك:

الطالب الذي يلعب دور أبي صالح:

الطالب الذي يلعب دور مازن:

الطالب الذي يلعب دور طاهر:

القسم الرابع: الكتابة

1. اكتب قصة تصف فيها حياة الشخصيات بعد موت أبو صالح وزواج رائدة من طاهر.

2. افترض أنك أصبحت عضواً في مؤسسة تدعو إلى السلام وقمت بزيارة المناطق الإسرائيلية والفلسطينية وشاركت في بعض المظاهرات التي تطالب الحكومة الإسرائيلية بوقف الاحتلال وعدم بناء المستوطنات. وأصبت أثناء المظاهرات بجروح نُقلت على إثرها إلى مستشفى إسرائيلي للعلاج وهناك اكتشفت أن الطبيب المشرف عليك مستوطن إسرائيلي. اكتب حواراً بينك وبينه بينما كل منكما يحاول إقناع الطرف الآخر بوجهة نظره.

3. شجرة الزيتون هي شعار الحياة والسلام في فلسطين فهل هو جنون الحب الذي أدّى إلى حرقها (يعتبر حرق شجرة الزيتون جريمة في نظر الفلسطينيين) أم أنّ حرقها كان بمثابة صرخة ضد العادات والتقاليد، أم أنك تعتقد أن هناك دوافع أخرى وراء ذلك؟

2
عرس رنا
Typecast Releasing Presents
from Hany Abu-Assad, the award winning director of Paradise Now
rana's wedding
In Jerusalem, love has many roadblocks.
Thumbs up. "Fascinating. It gives a more complete visual picture than we ever see on the news."
- Roger Ebert, Chicago Sun Times
Winner Grand Prize, Best Actress Cologne Mediterranean Film Festival
Official Selection Cannes Film Festival
Winner Nestor Almendros Prize Human Rights Watch Film Festival

مختصر حبكة الفيلم:

فيلم "عرس رنا" أو "القدس في يوم آخر" يخلط العام بالخاص ويعرض لنا قصة نرى من خلالها فلسطين وما يجري فيها. القصة تركّز على فتاة فلسطينية من القدس اسمها "رنا" تبحث عن حبيبها "خليل". تحتاج رحلة البحث إلى أكثر من وسيلة تنقل لكن وسيلة التنقل التي استخدمتها رنا هي قدماها وحذاؤها المغبر. رحلة البحث هذه تنقلب إلى رحلة لعرض المشاهد من خلال طابع درامي في شوارع القدس ورام الله وعلى الحواجز والطرق الالتفافية والجانبية، والتي من خلالها يأخذنا الفيلم لنصطدم بالاحتلال في كل محطة من محطات القصة، من البيوت إلى منع الناس من اجتياز الحواجز، إلى إطلاق النار على المتظاهرين، إلى كاميرات المراقبة.

رنا وخليل في نهاية الفيلم يعقدان قرانهما في الشارع وبالقرب من الحاجز العسكري، في إشارة واضحة إلى أن الإنسان الفلسطيني مُصرّ على التمسك بأرضه، وأنه رغم وجود الاحتلال فإنه يعيش حياته.

الفيلم بلا شك يطرح زاوية اجتماعية و أخرى سياسية، فنجد أن الفيلم يتطرق إلى عرض صورتين للاحتلال كل منهما أكثر ضراوة من الأخرى فالأولى هي صورة الاحتلال العسكري، والثانية هي سلطة الأب الجائرة التي تقمع بعنف الذي لا تقل نتائجه النفسية و السلبية عمّا يسببه الاحتلال العسكري من تعقيدات في حياة الفلسطينيين.

لم يكن من اللازم أن نشاهد وجه المحتل طالما كان باستطاعتنا رؤية مظاهر و أبعاد سيطرته، ونفس الشئ يمكن تطبيقه على والد رنا الذي غاب وجهه طوال الفيلم، مثلما ظهر الجنود الإسرائيليون في مشاهد صغيرة لم نكن بحاجة لنرى الأب أكثر من ذلك طالما كان باستطاعتنا رؤية ما ترتب عن تسلطه.

سياق وقائع الفيلم:

يتناول الفيلم قصة فتاة فلسطينية تسكن في القدس، تصطدم بقرار والدها المفاجئ قبل يوم من سفره لمصر بأن تختار "رنا" عريساً من قائمة طويلة تحتوي على أسماء أطباء ومهندسين ومحامين، وإلا فإنه يجب عليها السفر معه لتكمل دراستها في مصر. فتقرر رنا في صباح ذلك اليوم البحث عن حبيبها "خليل"، المسرحي الذي يضطر إلى النوم فوق خشبة المسرح في ذلك الصباح بسبب منع التجول.

وتصبح رحلة رنا هي الفيلم وقصتها هي قصة شعب بأكمله؛ تتجول "رنا" في شوارع القدس تسأل الناس باحثةً عن حبيبها الذي لا يرد على مكالماتها.

رحلتها ترسم معالم شوارع القدس، ففي أحد مشاهد الفيلم جرّافة تهدم منزلاً فلسطينياً، وتمرّ جنازة شهيد وتمشي "رنا" بعكس الجنازة باتجاه سعادتها المرتقبة بينما يتابعها الناس في الجنازة بنظرات اللوم.

أما خليل، فحين يذهب إلى المكتب الإسرائيلي ليحصل على ورقة تثبت أنه أعزب، يحاول أن يقنع أحد الشباب أن يسمح له بأخذ مكانه في الصف الطويل (لأنه مضطر للزواج قبل الرابعة)، فينظر الشاب إليه بحزن قائلاً: "يجب أن أخرج شهادة وفاة لأخي الذي يستوجب أن ندفنه قبل الثالثة ظهراً".

في الفيلم نرى قضية ربط الخاص بالعام واضحة في كاميرا المراقبة الإسرائيلية التي يجلس الحبيبان تحتها وقد اصطدما بكل تلك الحواجز. يقوم خليل بتحدّي الكاميرا التي ظهرت كأنها جندي يكيل اللكمات لخليل بلا رحمة، وفي النهاية يسخر منها بحركات مختلفة وبعدها تتحرك الكاميرا تجاه الحبيبين حين يتركان المكان، وتتبعهما كأنها ترصد حركاتهما عن كثب.

ويلتقي خليل والد رنا خاطباً إياها، و يرفض الأب في البداية ويوافق بعد تدخلاتِ كبار رجال البلد الذين لم يستطع الأبُ كسر كلمتهم وفي آخر الفيلم وفي خِضم صورة مليئة بالموت والدمار كان لا بد من الضوء الذي ظهر في نهاية الفيلم بينما العريس والعروس والأهل ذاهبين إلى الحاجز العسكري حيث احتجز الجنود الإسرائيليون هوية المأذون، وعلى هذا الحاجز توقَد شمعة العرس أمام جنود الاحتلال.

أسئلة عامة:

1. أين جَرَت معظم الأحداث؟ (تكلم عن تاريخ هذه المدينة وطبيعتها وموقعها الجغرافي والتركيبة السكانية وأهميتها الدينية لكل الطوائف الدينية الخ.)
2. ما هي أهم الصعوبات التي يواجهها الإنسان الفلسطيني تحت الاحتلال؟
3. كانت تعاني رنا من مشكلتين كبيرتين، في رأيك أيّ المشكلتين أكثر تعقيداً، ولماذا؟

القسم الأول: القراءة والفهم والاستيعاب

أسئلة ما قبل المشاهدة:

1. ما رأيك في الزواج التقليدي (حيث يتم ترتيب الزواج ومجرياته من قبل الأهل)؟ هل أنت مع أو ضد هذه الطريقة، ولماذا؟
2. لو أنّ الحكومة الأمريكية فرضت قوانين جديدة على مواطنيها ومنها أنّه في حالة سفرك خارج أمريكا يجب عليك الرجوع إلى أمريكا في مدة أقصاها ثلاث سنوات وإلا ستفقد حق إقامتك في أمريكا. كيف تستجيب وكيف تتعامل مع الموقف؟

3. أنت مسافر إلى بلد آخر (كندا مثلاً) لتزور والدتك التي لم ترَها منذ سنوات والمقيمة في كندا وعند الحدود الأمريكية الكندية تم حَجْز جواز سفرك لساعات طويلة دون سبب؟ كيف تتعامل مع الموقف؟

4. كنت مسافراً وعندما عدت من السفر وجدت أنّ هناك أشخاص غرباء يقيمون في بيتك وأصبح عليك أن تترك البيت وإلا فأنت في خطر. ماذا تفعل؟

5. لك قريب قام بعمل يُخِلّ بنظام البلد وقامت الحكومة بتدمير بيت عائلتك كعقاب جماعي للأسرة. كيف تستقبل هذا العقاب وكيف تتعامل معه؟

مواضيع للبحث والتقديم الصفي:
ابحث بواسطة استخدام الإنترنت أو كتب ومراجع من المكتبة، إلخ. في المواضيع التالية:

1. مدينة القدس (التركيبة السكانية، الطوائف الدينية، أهم المعالم الدينية والتاريخية الموجودة فيها).

2. الاستيطان في القدس.

3. مقارنة بين مراسم الزواج والعرس الفلسطيني، اختلافاتها من منطقة إلى أخرى، مثلاً من الضفة الغربية إلى غزة أو مناطق العرب في إسرائيل.

4. الجدار الفاصل حول منطقة القدس وتأثيره على حياة الفلسطينيين والإسرائيليين.

القسم الثاني: المفردات

أهم المفردات والعبارات التي وردت في الفيلم:

الكلمة بالفصحى	المقابل لها بالعامية	المعنى بالإنجليزية
أغلقوا الحاجز	سَكّروا الحاجز	They closed the roadblock
القضايا العويصة	القضايا الصعبة جداً	Very difficult issues
بِطاقة الهويَّة	اِلْهَوِيَّة	Identity card
قنبلة, قنابل	قُنْبِلةْ, قنابل	Bomb
الأحداث الأخيرة	الأحداث الأخيرِة	Latest incidents
قَصْف	قَصِف	Bombardment
ضَرْبَة	هْوايِة	A blow
هل يُعقَل ألّا ...؟! ليس معقولاً!	معقول ما....؟! مِشْ معقول!	Is it possible that he/ she will not....?! Impossible!
هي تقدّمت للجامعة أكثر من خمسين مرّة	صار إلْها مْقدمة لَلْجامْعة فوق الخمسين مَرّة	She applied to the university more than 50 times
اُدخُلي إلى الداخل	فوتي لَجُوّا	Come inside!
الآن سيبدأون في رمي قاذوراتهم علينا	هلّأ بيبَلْشوا يِرْمو زْبالِتْهُمْ علينا	Now, they will start throwing their trash at us.
اِنْتَظري هُنا! من الممكن أن يعود	استني هون، بَلْكي رِجِعْ	Wait here! He may come back.
ما زال مقفلاً!	لِسّه مْسَكِّرْ!	It is still closed!
أما زلت نائماً؟! قُمْ, أنا لا أعرف أين أنت!	إنتَ بَعْدَكْ نايِم؟! قوم, أنا مش عارفه وينك!	Are you still sleeping?! Wake up, I do not know where you are!
أين أنتَ؟ يجب أن أراك اليوم!	وينَكْ؟ لازم أشوفَك اليوم	Where are you? I must see you today!

الكلمة بالفصحى	المقابل لها بالعامية	المعنى بالإنجليزية
طيب! توقفي عن الجنون وتعالي هنا!	طَبْ, بَطّلي جْنون وْتعالي هون!	O.K. Stop acting crazy and come here!
أتريدني أن أجَنّ؟	إنتَ بِدّكْ تُجَنني!	Do you want me to go nuts!
المأذون	المأزون	According to Islamic law, official authorized by the (*cadi*) judge to perform civil marriages.
لا تَخافي! سَنَجِد حلاًّ للمشكلة!	اتْخافيش! بِنْحلها	Do not be afraid! We will find a solution to the problem.
نؤوم	خُمّ نوم!	"Sleep coop" liter. Meaning "slugabed"
دائماً يتنازعان	ناقر وْنقير	Slang expression to describe two people who always fight together over little things.
كُن حذراً واهتم بنفسك!	دير بالك عَ حالَكْ!	Be careful (alert to what happens around you)
حسناً!	ماشي!	O.k.
مُخْرِج مَسْرَحي	مخرج بالمسرح	Theatre director
موهوب جِداً	موهوب كْتير	Very talented
أريد أنْ أجتاز!	بدي أمْرُق!	I want to go through (enter, cross something)
أقف في الصف وأنتظر دوْري	واقف عَ الدّور	I am waiting in the line for my turn
أمْر طارئ	أمِرْ طارئ	Emergency
لن يجدي نفعاً	ما بُزْبُطِش	It is not going to work! There is no use!

الكلمة بالفصحى	المقابل لها بالعامية	المعنى بالإنجليزية
لماذا أنتِ دائماً في عجلة من أمرك؟	ليش مِسْتَعجِلِه عَ طول؟	Why are you always in a rush?
نَعيماً! الجواب: أنْعم الله عليك	نعيما! الجواب: الله يِنْعِم عليك	Said to a person who just took a shower or who just had a hair cut. The proper response meaning, "May God bless you, too."
متروك بدون إعارته أي اهتمام	مَلْطوع	Expression used to describe a neglected person who is ignored by others
على بركة الله!	على بركة الله!	With God's blessings! Said when people intend to do something good
المَهر, المهور	اِلمَهِر , المهور	The dower

أكمل الحوار باستخدام الكلمات أو العبارات من القائمة أعلاه: (قد يختار المدرس أن تُستخدم العامية الفلسطينية لهذا التمرين)

1. ما شاء الله! حمّام الهناء والسعادة. ________________ يا صديقي.

2. غلاء ____________ ظاهرة غير صحية في بعض المجتمعات وتؤدي إلى تأخر الزواج عند الشباب.

3. ____________ هو موظف يقوم بكتابة عقد القران وتزويج الشباب حسب الشريعة الإسلامية.

4. لأجل الله يا صديقي ، احضر حالاً! أنا بحاجة إليك، هناك _____ وأريد مساعدتك.

5. ما يفعله هذا الرجل أمر غير معقول! لا أصدق ما أرى حقاً، هو شخص _____ جداً.

6. أخي الكبير يعمل _____ في مصر فهو يحب السينما والمسرح منذ أن كان في الثانوية العامة.

7. يا أخي لا أفهم كيف ينجح في امتحاناته، فهو شخص _____ ولا أراه يدرس.

8. هل شاهدت ذلك الرجل الذي تلقى _____ على رأسه جعلته يفقد وعيه عدة ساعات.

9. خلال الحروب، يودي _____ الطيران الجوي بحياة كثير من الناس والشجر والبنيان.

10. يجب أن تحصل على _____ قبل استخراج جواز السفر.

11. اتصلت به حوالي عشرين مرة و كل مرة تقول لي الرسالة الصوتية إن هاتفه _____ .

القسم الثالث: المحادثة والنقاش

اسأل زملاءك (يمكن أن يتم السؤال بالعامية أو بالفصحى أو بكلتيهما):

1. في رأيكم، ما هي أهم القضايا الشائكة في العالم؟

2. هل يعقل ألا يجد الفلسطينيون والإسرائيليون حلاً للنزاع الفلسطيني الإسرائيلي؟

3. ما هي اقتراحاتكم لشخص نؤوم؟

4. هل تعرّضتم يوماً لأمر طارئ في حياتكم؟ ما هو وماذا حدث؟

5. هل أنتم أشخاص في عجلة من أمركم دائما أم أنكم أشخاص تتمهلون في اتخاذ قراراتكم؟

ماذا تقول في المواقف التالية؟

1. شخص يصعد الجبال لأول مرة في حياته.

2. شخص موهوب قام بأداء مهارة أدهشت جميع الحاضرين.

3. جاءك صديق وطلب منك أن ترافقه لزيارة شخص مريض في المستشفى.

4. شاهدت رجلاً يجري بسرعة.

5. خرجت صديقتك من الحمام الآن.

6. أنت في البنك في أول الصف وجاء شخص يريد أن يتجاوزك ليقضي حاجته.

7. صديقك وقع في مشكلة ولا يعرف كيف يتصرف.

8. الجو بارد جداً ووقف ضيوفك خارج بيتك.

9. حاولت أن تصلح بين صديقك و ابن عمك ولكنهما سرعان ما يتنازعان مرة تلو المرة.

دراسة الشخصيات الرئيسية في الفيلم:

ناقش الشخصيات التالية من حيث:

البعد الجسمي (الشكل، الصوت..)

رنا:

خليل:

البعد النفسي والاجتماعي (الجانب العقلي والانفعالي والتربية والبيئة):

رنا:

والد رنا:

خليل:

صديق خليل:

المأذون:

دراسة وتحليل شخصيات الفيلم:

1. لماذا قامت رنا بالبحث عن حبيبها؟

2. ماذا تفعل لو أنك تعرضت لنفس الموقف؟

3. في رأيك لو سافرت رنا إلى مصر، هل سينتظرها خليل ويبقى دون زواج حتى تعود؟

4. كيف سيتصرف خليل ورنا لو أنهما لم يجدا المأذون عند الحاجز وكان على والد رنا السفر قبل الرابعة؟

أكمل الجمل التالية باستخدام: (لو .... لـ ....)

1. لو كنت أخاً لرنا لـ ____________________

2. لو لم تجد رنا خليل لـ ____________________

3. لو كنت والد رنا لـ ____________________

4. لو كنت أعيش في القدس وكنت صديقاً لخليل لـ ____________________

من قال الجمل التالية وفي أي موقف (متى)؟

1. **بالعامية:** "تعالي نْفوت لَجُوّا هلأ بِبلشو يِرْمو زْبالِتْهُم علينا.. اِسْمعي إذا ما القيتِهوش، ارجعي اسْتَنّي هون بلكي رِجِع."

بالفصحى: :تعالي ندخل البيت، الآن سيبدأون في رمي قاذوراتهم علينا.. استمعي إليّ، إن لم تجديه فارجعي وانتظري هنا علّه يرجع."

بالعامية: " أنا مش خليل، بس إذا بدك بصير خليل، بَتْجَوّزِك حالاً."

بالفصحى: " أنا لست خليلاً، ولكن إذا أردتِ أن أكون خليلاً، أنا على أتمّ استعداد لأن أتزوجك حالاً."

2. **بالعامية:** "حمد الله عَ السلامة يا خمّ نوم، دوّرِت عليك في نص بْيوت القدس."

بالفصحى: "الحمد لله على السلامة يا نؤوم! لقد بحثت عنك في نصف بيوت القدس."

3. **بالعامية:** " صار لي نص ساعة حاجزين هويتي وْهَيْني مَلْطوع مش عارف أروح ولا آجي هَيْني بَسْتَنّى."
بالفصحى: "مرّت نصف ساعة بينما هم يحجزون بطاقة هويتي وهأنذا واقف لا أدري ماذا أفعل! هأنذا أنتظر!"

4. **بالعامية:** "على بركة الله، مِدّ إيدَك في إيد انسيبك لو سمحت."
بالفصحى: "على بركة الله، مد يدك و ضعها في يد نسيبك لو سمحت."

أسئلة الفهم:

أجب بـ (صح) أو (خطأ) (مع ذكر السبب في حالة الخطأ).

1. كانت رنا تبحث عن خليل في رام الله.

2. والد رنا أراد أن يزوجها حسب طريقته التقليدية وإلا فكان يجب عليها السفر معه إلى مصر.

3. المأذون اقتنع بأن خليل هو الزوج المناسب لرنا منذ أن رآه أول مرة.

4. رنا وخليل دخلا إلى مكتب المحامي ليناقشاه في قضية رنا الصعبة.

5. تُسحَب الهوية الفلسطينية من أي مواطن فلسطيني (من القدس) يعيش خارج القدس أكثر من ثلاث سنوات.

6. الجنود حجزوا بطاقة هوية المأذون ولم يستطع الدخول.

7. أخيراً تم عرس رنا في فندق الهيلتون.

القسم الثالث: المحادثة والنقاش

إسأل زملائك:

1. لماذا خرجت رنا من بيت والدها في صباح ذلك اليوم؟

2. لماذا ذهبت رنا إلى رام الله؟

3. كيف وصلت رنا إلى رام الله؟ ماذا كان خليل يفعل؟ لماذا؟

4. هل توقعت رنا أن يكون خليل في ذلك المكان؟

5. ما هي الصعوبات والأحداث التي واجهت رنا حتى وصلت إلى حبيبها؟

6. ما هي أهم الصعوبات التي واجهها خليل ورنا في طريق عودتهما من رام الله إلى القدس؟

7. في رأيك لماذا مَشَت رنا عكس الجنازة؟

8. كيف كانت نهاية الفيلم؟ لماذا؟

فيما يلي موضوعان جادان لخلق جو حواري بين الطلاب في مجموعات:

1. تحمل مدينة القدس دلالة رمزية ودينية للجانبين الفلسطيني والإسرائيلي، وهي كانت سبباً أساسياً لفشل المحادثات في عدة مرات. من هنا يمكن أن نفهم صعوبة الموقف التفاوضي، فالجانبان يحاولان تحقيق تقدم في المحادثات الثنائية، ولكن من دون رفع سقف التوقعات.

2. لقد أدّى وجود الاحتلال إلى خلق آثار سلبية على النظام الاجتماعي الفلسطيني الذي تعرض لأضرار فادحة نتيجة تدمير عدد كبير من البيوت بالإضافة إلى صعوبة تنقل الناس، وخطورة الأوضاع الاقتصادية بسبب استمرار سياسة الحصار الإسرائيلية على مناطق الضفة الغربية و قطاع غزة.

التمثيل المسرحي:

1. بينما رنا خارجة من البيت في صباح ذلك اليوم، استيقظ أبوها وجرت بينهما مشادة كلامية.

القائم بدور والد رنا:

القائم بدور رنا:

2. لم تجد رنا خليلاً ورجعت إلى البيت وكان عليها السفر، وفجأة يظهر خليل وهي في طريقها مع أبيها لركوب السيارة.

خليل:

والد رنا:

رنا:

3. لم يسمح الجنود للمأذون بالعبور فكان يقف في ناحية ولم يسمح الجنود لرنا وأهلها بالمرور للناحية الأخرى، فظل الطرفان يتحادثان بصوت عالٍ.

رنا:

والدها:

واحد من رجال البلد:

المأذون (من بعيد):

جندي إسرائيلي:

خليل:

القسم الرابع: الكتابة

1. أنت شاب إسرائيلي تعيش في أمريكا وصديقك الفلسطيني رجع ليستقر في رام الله وكان من اللازم أن تخدم في الجيش الإسرائيلي، وذات مرة قابلت صديقك الفلسطيني في رام الله. جلستما بعيداً عن الأنظار تتهامسان. اكتب الحوار الذي دار بينكما.

2. أنت شاب إسرائيلي تعيش في أمريكا وصديق طفولتك فلسطيني أمريكي الجنسية وكنتما مسافرين معاً وعند الحاجز العسكري طلب الجندي الإسرائيلي منه أن يعود لأنه لا يستطيع دخول القدس. اكتب الحوار الذي دار بينك وبين الجندي وصديقك الفلسطيني.

3. تحمل القدس دلالة رمزية ودينية للجانبين الفلسطيني والإسرائيلي، وقد كانت سبباً أساسياً في فشل المحادثات عدة مرات. من هنا يمكن أن نفهم صعوبة الموقف التفاوضي، فالجانبان يحاولان تحقيق تقدم في المحادثات الثنائية، ولكن من دون رفع سقف التوقعات. ما رأيك في هذه القضية، وكيف بالإمكان تجاوز الصعوبات العالقة بين الطرفين الفلسطيني والإسرائيلي.

3

الجَنّة الآن

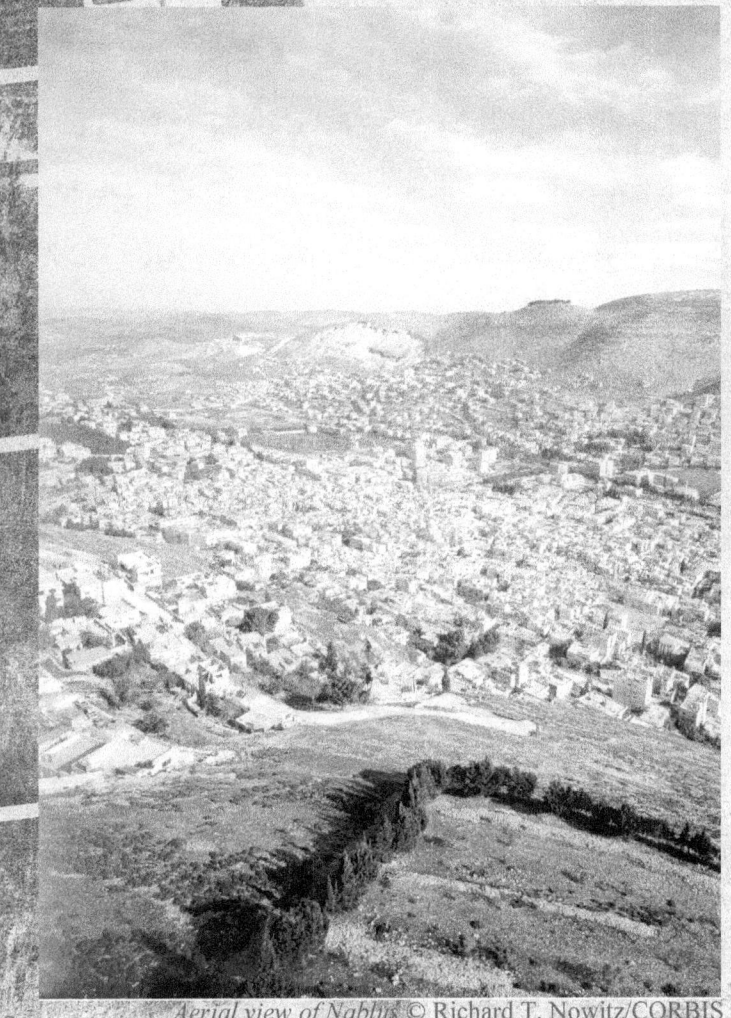

Aerial view of Nablus © Richard T. Nowitz/CORBIS

مُختصرُ حَبْكَة الفيلم:

تتكلم قصة الفيلم عن آخر 24 ساعة في حياة خالد و سعيد اللذان هما صديقان منذ الطفولة، وقد قرر كل منهما القيام بعملية استشهادية (انتحارية) في إسرائيل. و كان من الممكن لهما قضاء آخر ليلة بين أفراد عائلتيهما في مدينة نابلس، وبالطبع، لا يقوم أحد منهما بإخبار أي شخص من أفراد العائلة بما ينويان القيام بعمله ولا يودّعان عائلتيهما.

وفي صباح اليوم التالي، يتم نقلهما إلى الحدود الإسرائيلية بعد تثبيت الأحزمة الناسفة على أجسامهما وتتغيّر أحداث العملية حيث يفقد الصديقان بعضهما بعضاً، وأصبح من اللازم أن يقوم كل واحد من القنبلتين البشريتين بمواجهة القَدَر وبتحمُّل مسؤولية قناعاته.

سياق وقائع الفيلم:

أحداث الفيلم تبدأ بمشهد يوم عادي في حياة خالد وسعيد اللذين يعملان في ورشة صغيرة ومتواضعة لتصليح السيارات أمام جبل في مدينة نابلس، يتجادلان مع صاحب السيارة(مستوطن إسرائيلي) حول اعوجاج الصندوق الذي ركّباه لسيارته، وبالرغم من وضوح الصورة بأنّ الصندوق فعلاً جديد، يصرّ صاحب السيارة على رأيه بالرغم من كلامهما معه ويفقد الشاب خالد هدوءه وقدرته على عراك الكلام، وينتهي به غضبه إلى أن يأخذ مطرقة ثقيلة ويضرب مكان الإعوجاج ويقول له: "الآن لا شك بأن الصندوق أصبح جيداً".

"سعيد" ابن لعميل وذو وجه طفولي، نقرأ فيه الكثير من الحزن والقلق، لا تنفع العلاقة العاطفية التي تكبر مع الوقت بينه وبين "سها" ابنة أحد المناضلين القدامى من أن يجد نفسه الضائعة، إنه ينقل صورة الشاب الفلسطيني الذي يعيش حالة من

الغضب وفقدان الأمل بسبب الاحتلال والحصار. بينما تختلف شخصية صديقه "خالد" حيث تتصف بأن فيها كثير من الحركة وحب المواجهة والقيادة وسرعة اتخاذ القرارات.

ويقرر الصديقان القيام بعملية استشهادية (انتحارية) في "تل أبيب" ويقول سعيد لوالدته إنه استطاع الحصول على تصريح لدخول إسرائيل للعمل هناك وتشعر والدته بالسعادة وتبارك له ذلك. وبعد لقائهما مع القائد، غير معروف الفصيلة، يلبسان الأحزمة الناسفة، لكن الأحداث تتغير بشكل سريع، فبعد عبورهما حدود الأسلاك الشائكة التي تفصل بين المناطق الفلسطينية وإسرائيل، تفاجئهم سيارة عسكرية إسرائيلية، فيهربان بسرعة، يستطيع خالد العودة بينما لا يجد سعيد طريقه ويتوه في الجبال بين الشجر، قبل أن يجد طريقه مرة أخرى.

وبين الوقتين تلغى العملية ويفك الحزام عن "خالد" الذي يحاول إنقاذ صديق عمره، وتدفعه الأحداث إلى لقاء "سها" التي تدخل معه في حوار ساخن حول معنى الكفاح والمقاومة وتنجح في التأثير على قراره.

"سعيد" يصل إلى الأوتوبيس الإسرائيلي ويبدو في الصورة جالساً، مبتسماً ينظر أمامه بينما يضع يده على سلك حزام التفجير، ولا يسمع صوت انفجار، بل تقطع الصورة إلى بياض مفاجئ ومثير، إشارة إلى الموت لنسمع موسيقى وكأنها بكاء من نوع آخر.

أسئلة عامة:

1. ماذا تعرفون عن مدينة نابلس و موقعها في فلسطين؟
2. ماذا تعرف عن تاريخ الصراع الفلسطيني الإسرائيلي؟ في رأيك، ما هو الحل الأمثل لهذا الصراع؟
3. هل يستطيع الفلسطينيون في الضفة الغربية وغزة دخول إسرائيل؟ لماذا؟

القسم الأول: القراءة والفهم والاستيعاب

أسئلة ما قبل المشاهدة:

1. هل يؤثر الحب والمشاعر العاطفية على قراراتك النهائية في أمورك الحياتية؟ علل إجابتك.

2. ما رأيك في قضية بناء الجدار الفاصل بين أمريكا والمكسيك، وهل هناك وجه مقارنة بينه وبين الجدار الفاصل بين المناطق الفلسطينية وإسرائيل؟

3. ما رأيك في قضية السماح لغير حاملي التصاريح بالعمل في أمريكا؟

4. في رأيك، هل تنطبق قضية السماح بالعمل على الفلسطينيين الراغبين في العمل في إسرائيل؟ علل إجابتك.

5. ما رأيك في قضية البطالة بين الشباب في أمريكا وأثرها النفسي عليهم؟ كيف ترى تأثير البطالة على الشباب في المناطق الفلسطينية؟

مواضيع للبحث والتقديم الصفي:

ابحث بواسطة استخدام الإنترنت أو كتب ومراجع من المكتبة، إلخ. في المواضيع التالية:

1. تاريخ العمليات الاستشهادية (الانتحارية) في المناطق الفلسطينية.
2. فصائل المقاومة الفلسطينية في المناطق الفلسطينية.
3. مدينة نابلس (موقعها الجغرافي، وتاريخها، وأهم معالمها، وجامعاتها..).
4. الجدار الفاصل بين إسرائيل والمناطق الفلسطينية.

القسم الثاني: المفردات

أهم المفردات والعبارات التي وردت في الفيلم:

الكلمة بالفصحى	المقابل لها بالعامية	المعنى بالإنجليزية
عَمَلِيَّة اسْتِشهادِيَّة (انتحاريَّة)	عمليِّة استِشْهاديِّة (انْتِحاريِّة)	Suicide bombing
فَصيل، فصائل المقاومَة الفِلِسطينيَّة	فصيل، فصائل المقاومِة الفَلَسْطينيِّة	Palestinian resistance cell, squad
قضيَّة، قضايا	قظيِّة، قظايا	Issue, affair, question
حِزام ناسِف (حِزام التَّفجير)	حْزام ناسف	Explosives' belt
عَميل، عُمَلاء	عَميل، عُمَلا	Collaborator(s)
تصْريح عَمَل، تصاريح عمل	طصْريح عَمَل، طصاريح عمل	Work permit(s)
عَمَلِيَّة اِغْتيال	عَمَلِيَّة اِغْتيال	Assassination operation
الكِفاح المُسَلَّح	اِلْكفاح المُسلّح	Armed struggle
الجِدار الفاصل	اِلجدار الفاصل	The separation wall

الكلمة بالفصحى	المقابل لها بالعامية	المعنى بالإنجليزية
البطالة	اِلبطالِة	Unemployment
الضِفّة الغربيّة	الظفة الغربيِّة	The West Bank
المُستَوْطَنات	ِالمِسْطوْطنات	The settlements
الصهيوني،الصَّهايِنة	الصهيوني،الصَّهايْنِة	The Zionist
نقود	مَصاري	Money
ماذا حَدث يا أمي؟	شو صار يَمَّه؟، ايش فيه يَمَّه؟	Mom! What happened?
لا تهتمّ	ولا يْهِمَّكْ	Do not worry!
لأجل الله!	دَخيل الله!	For God's sake!
لماذا لا تتكلم؟	مالَكْ ساكِتْ؟	Why are you silent?
أين كنت غائبا؟!	وين هالغيبِة؟!	Long time no see!
لهذا السبب	عَلَشان هيك	For this reason
لا تَسْتَهْزِئ بي!	ما تِتْخوَّتِشْ عَلَيَّ!	Do not try to mock me!
وَجَدْتَهُ أمْ سَرَقْتَهُ!	لْقيتُهْ وَلّا لَطَشْتُهْ!	Did you find it or steal it?
يا رَجُل!	أبو الشّباب!	Hey man!
بالهناء والشفاء	بالهنا والشِفا	Said to someone to wish good health after eating.
سَلِمَت يداك يا خالتي!	بِسْلَمو إيديكِ خالتو!	May your hand be safe! Equivalent to "Good job auntie."
حَفِظَكِ الله!	الله يْخلّيكِ!	May God protect you!
لا أستطيع تصديق ذلك!	مِشْ مَعْقولْ!	Impossible, I cannot believe it!
انتهى ما قد مضى	اللي فات مات	A proverb: Let bygones be bygones.
خمسَة بِعَيْن الشّيْطان	خمسه بْعِينِ الشّيطان	Expression said to seek refuge in God from the evil eye.
أنا مُتأكّد مائة بالمائة	مِتْأكِّد مِيِّةْ بالمِيِّة	I am 100% sure!

أكمل الحوار باستخدام الكلمات أو العبارات من القائمة أعلاه: (قد يختار المدرس أن تُستخدم العامية الفلسطينية لهذا التمرين)

سامي: _____ يا أحمد؟

أحمد: والله، كنت مسافراً وعدت أمس.

سامي: يا _____ ! _____ !! وما هذه السيارة الجميلة؟ أوَجدتَها أم سَرَقتها؟

أحمد: _____ .

سامي: أمتأكد مائة بالمائة أنّ السيارة لك؟

أحمد: من فضلك! _____ ! لا انتهى عهد الفقر والحياة الصعبة. و _____ والحمد لله.

سامي: لا تهتم! أنا أمازحك فقط يا صديقي.

أحمد: أتريد أن _____ والدتي؟

سامي: نعم، _____ والله هذه فكرة ممتازة.

أحمد: لقد أعدّت والدتي "المنسف" للعشاء فهي تعرف أني أحبه كثيراً.

سامي: ما شاء الله! أكل لذيذ، _____ .

والدة أحمد: _____ يا ابني.

إختر الإجابة الصحيحة:

1. تعتبر حركة "حماس" من أشهر _____ الفلسطينية في قطاع غزة.
   أ. المقاومة   ب. الفصائل
   ج. القضايا   د. المستوطنات

2. تقع مدينة "نابلس" في _____ .
   أ. غزة   ب. الضفة الغربية
   ج. إسرائيل   د. المستوطنات

3. لا يمكنني العمل في كندا بدون الحصول على _____ .
   أ. نقود   ب. حزام ناسف
   ج. البطالة   د. تصريح عمل

4. قتلوه لأنهم ظنوا أنه _____ للعدو.
   أ. عميل   ب. صهيوني
   ج. اغتيالات   د. قضية

5. كل الناس يتمنون أن يجد العالم حلاً لـ _____ الفلسطينية.
   أ. الكفاح   ب. القضية
   ج. المستوطنات   د. عملية انتحارية

6. يعتقد الكثير من الفلسطينيين أنّ حل إقامة دولتين فلسطينيتين أصبح صعباً وخاصة مع استمرار إسرائيل في بناء _____ .
   أ. العمليات الانتحارية   ب. المستوطنات
   ج. الدكاكين   د. البطالة

7. يطالب الفلسطينيون المُجْتمع الدولي بأن تتوقف إسرائيل عن الاستمرار في بناء__________ الذي يفصل القرى والمدن الفلسطينية عن بعضها بعضاً.

أ. المدارس ب. المستوطنات

ج. الأحزمة الناسفة د. الجدار الفاصل

8. يعاني الكثير من الشباب في مناطق مختلفة من العالم من مشكلة__________ التي قد تؤدي إلى الزواج المتأخر.

أ. العمليات الانتحارية ب. البطالة

ج. القضايا د. عمليات الاغتيال

ضع دائرة حول الكلمة الغريبة:

.1	نضال	كفاح	قتال	قوانين
.2	لا تقلق	لا تهتم	لا تعالج	لا تكترث
.3	فقر	نقود	دراهم	مال
.4	سماح	إذن	تصريح	منْع
.5	عصر	سور	جدار	حائط
.6	قتل	موت	اغتيال	ثورة
.7	أوطان	فصائل	مجموعات	خلايا
.8	إسرائيلي	صهيوني	تقليدي	يهودي
.9	واثق	مُتيَقن	معتدل	متأكد
.10	عين الشيطان	الغيرة	الهمس	الحسد

القسم الثالث: المحادثة والنقاش

الشخصيات الرئيسية في الفيلم:

رتب الشخصيات التي وَرَدَت في الفيلم حسب أهميتها من (1-6):

(   ) أم سعيد (   ) خالد (   ) جمال

(   ) سها (   ) سعيد (   ) قائد أحد الفصائل الفلسطينية

ناقش الشخصيات التالية أسماءها من حيث البعد الجسمي (الشكل، الصوت..)

سعيد:

سها:

خالد:

البعد النفسي والاجتماعي (الجانب العقلي، والانفعالي، والتربية، والبيئة):

سعيد:

والدة سعيد:

سها:

خالد:

دراسة وتحليل شخصيات الفيلم:

1. ما أهم الأسباب وراء قرار كل من سعيد وخالد القيام بالعملية الاستشهادية (الانتحارية)؟

2. لو كنتَِ مكان سعيد، َماذا كنت لتفعل في النهاية؟

3. في رأيك، لو تزوج سعيد من سها قبل العملية، هل كان سيقوم بالعملية الاستشهادية (الانتحارية)؟ هل كان سيستمر زواجهما؟

4. كيف ترى مستقبل كل من خالد وسهى بعد موت سعيد؟

أكمل الجمل التالية باستخدام: (لو........................ لـ.........)

1. لو وُلِدَ سعيد في أمريكا لـ

____

2. لو كنت أخاً لخالد لـ

____

3. لو كنتُ مكان خالد في ورشة السيارات لـ

____

4. لو كنت سها لـ

---

5. لو كان مع سعيد مليون دولار لـ

مَن قال الجمل التالية وفي أي موقف (متى)؟:

1. **بالعامية:** "دَخيل الله! أبو سليم مشْ هان، بَسّ اِحْنا بْنِقْدَر نْدَبِّر الموضوع".
بالفصحى: "لأجل الله! أبو سليم ليس هنا الآن, ولكننا نستطيع مساعدتك".

2. **بالعامية:** "اِنْسى اللي فات مات, الله يرحمه".
بالفصحى: "اِنسَ ما قد مضى انتهى، الله يرحمه".

3. **بالعامية:**"أنا متأكد مية بالمية إنو سعيد ما خانَّناش، خَلّيني أجَرِّب أَرُوح أدَوِّر عليه بَعْرِف هُوّ كِيف بيفَكّر، حَلاقيه، لازم أَلاقيه".
بالفصحى: أنا على ثقة أنّ سعيد لم يقم بخيانتنا، دعني أحاول البحث عنه، أنا أعرف طريقة تفكيره، سوف أجده، لا بد أنْ أجدَه."

4. **بالعامية:** "كِيفك، وين هالغيبة؟"
بالفصحى: "كيف حالك؟ أين كنت؟ لم أرَك منذ وقت طويل".

5. **بالعامية:** "يِسْلَمو إيديكِ يا خالتي، اِلأكِل كْتير زاكي".
بالفصحى: " شكراً لك يا خالتي! الأكل لذيذ جداً".

6. **بالعامية:** " داخل الشريط راح تِلْتقوا مع شخص راح يعَرّفْكوا على حالُه بلَقب "أبو الشباب" وراح ياخُذْكوا عَ المَوْقع المُختار، واحَدْ منكم بْيعمل العملية بالأول، بعد خَمسطعشر دقيقة بيجي دور التاني بنفس المكان.........هاي مصاري وهويات زُرُق....."

بالفصحى:" داخل الشريط سوف تقابلون شخص سيعرّفكم على نفسه ولقبه "أبو الشباب" الذي بدوره سيأخذكم إلى مكان العملية المحدد، سيقوم الأوّل بتنفيذ العملية الأولى وبعدها بخمسطعشر دقيقة سيقوم الثاني بتنفيذ العملية الثانية....هذه نقود وبطاقات شخصية زرقاء..."

أسئلة الفهم:

أجب بـ (صح) أو (خطأ) (مع ذكر السبب في حالة الخطأ):

1. سعيد هو الذي كسّر صندوق السيارة.

2. ولدت سها في نابلس ثم سافرت بعدها إلى فرنسا.

3. أبو عزام كان عميلاً للموساد الإسرائيلي.

4. سعيد حصل على تصريح للعمل في إسرائيل.

5. سعيد أرجع لسها مفاتيح سيارتها في صباح يوم العملية الاستشهادية (الانتحارية).

6. والد سعيد كان مناضلاً يعمل في صفوف المقاومة الفلسطينية.

7. "أبو الشباب" رجل فلسطيني.

8. كان من اللازم أن يقوم خالد و سعيد بالعملية الاستشهادية (الانتحارية) في وقت واحد.

9. شعر خالد بالخوف ولذلك تراجع عن تنفيذ العملية.

10. قام سعيد بتنفيذ العملية عندما سنحت له أول فرصة بعد دخوله الأراضي الإسرائيلية.

المحادثة وتحليل قصة الفيلم: (اسأل زملاءك)

1. لماذا كسر خالد صندوق السيارة بعد تصليحه؟ لماذا اختار المخرج أن يبدأ فيلمه بهذا المشهد في رأيك؟

2. في رأيك، لماذا كان يلبس خالد وسعيد البزات السوداء وهما في طريقهما لتنفيذ العملية؟

3. لماذا عبر خالد وسعيد الحدود الفلسطينية الإسرائيلية؟

4. ماذا حدث بعد عبورهما الحدود بينما "أبو الشباب" ينتظرهما؟

5. بعد دخول خالد وسعيد إلى تل أبيب، كيف انتهى خالد في السيارة يبكي؟ لماذا؟

6. هل كان خالد يتوقع أن يغلق سعيد باب السيارة ويطلب من "أبو الشباب" أن ينطلق بالسيارة بسرعة؟

7. في رأيك، لماذا انتهى الفيلم بظهور شاشة بيضاء؟

مواضيع للمناقشة:
فيما يلي موضوعان جادان لخلق جو حواري بين الطلاب في مجموعات:

1. كثير من الفلسطينيين يقولون إن العلميات الانتحارية التي يقوم بها الفلسطينيون هي وليدة الاضطهاد، الذي لا بد من إنهائه، ويقولون إنهم ضد قتل البشر، ويريدون إيقاف ذلك. ولكنهم لا يدينون من يقوم بعملية انتحارية لأن هذا بالنسبة لهم رد فعل إنساني على وضع عصيب ومعقد جدا.

2. الكثير يرى أن الحل الوحيد للصراع العربي الإسرائيلي هو مبدأ المساواة بين الفلسطينيين والإسرائيليين كأمم وأفراد. وعلى هذا الأساس بالإمكان المساومة على التفاصيل الأخرى بشكل سهل نسبياً. قادة إسرائيل الرسميون لم يقوموا حتى الآن بقبول دولة فلسطينية تتمتع بحقوق مساوية مثل إسرائيل ـ ولا سيما أنّ هذا يعني تقسيم البلاد ومواردها. وهم يرفضون كذلك التنازل عن الدولة اليهودية ولا يعرضون على الفلسطينيين سوى حقوق الإنسان فقط.

التمثيل المسرحي:

1. في تل أبيب، تخيل أنّ خالد استطاع النزول من السيارة بعد أن أغلق سعيد باب السيارة وتخيل أن "أبو الشباب" انطلق بسيارته وتركهما يقرران مصيرها.

   الطالب القائم بدور خالد:

   الطالب القائم بدور سعيد:

2. بعد الموت: تخيل أنّ سعيد قابل والده الذي كان عميلاً لحساب الإسرائيليين.

   الطالب القائم بدور سعيد:

   الطالب القائم بدور والد سعيد:

القسم الرابع: الكتابة

1. اكتب قصة تصف فيها حياة خالد وسها التي تزوجته.

2. قرر خالد و سعيد ترك نابلس والسفر إلى أمريكا قبل أحداث سبتمبر. دخلا أمريكا عن طريق الحدود مع المكسيك. قابلا صعوبات كثيرة في العيش في أمريكا ولكنهما أحبا الحياة في أمريكا كثيراً. تعرّفتَِ عليهما ونشأت بينكما علاقة صداقة قوية. في صباح يوم أحداث سبتمبر بينما أنت تتناول الإفطار وتشاهد التلفاز، سمعت الأخبار. اكتب وصفاً دقيقاً لما شاهدته من شكل وصوت وتصرفات وردود أفعال تعبر عن مشاعر وانفعالات خالد وسعيد.

3. الكثير يرى أن الحل الوحيد للصراع العربي الإسرائيلي هو مبدأ المساواة بين الفلسطينيين والإسرائيليين كأمم وكأفراد والقبول بقيام دولة فلسطينية تتمتع بحقوق مساوية مثل إسرائيل ـ ولا سيما أنّ هذا يعني تقسيم البلاد ومواردها. هل ترى أن هذا هو الحل المناسب ؟ ما هو الحل البديل في رأيك؟

ضد الحكومة

4

مختصر حبكة الفيلم:

تناقش قصة الفيلم قضايا اجتماعية وسياسية مهمة، منها ما لها خصوصية محلية ومنها ما يتجاوزها إلى العالمية. تناول الفيلم قضايا الفساد الاجتماعي والسياسي بمختلف أشكاله ولكنه ركز على مفهوم الإهمال والتقصير في تحمل المسؤوليات عندما يتجاوز حدود الغفلة ليتحول إلى سلوك فردي وجماعي تتبناه جميع الأنظمة الاجتماعية والسياسية في الدولة الواحدة حتى تصبح نتائجه شديدة الخطورة على حياة الأفراد والمجتمعات.

اختار الفيلم نموذجاً يبين فيه معالم الإهمال والفساد الذي تفشى في المجتمع المصري على جميع المستويات من خلال قصة حادث وقع لحافلة مدرسة قتل فيها عشرون طالباً وجرح العديد منهم. وقد رصد الفيلم درجة الفساد والظلم المنتشر في المجتمع ابتداءً من أدنى طبقة في المجتمع إلى أعلاها، وتمثل ذلك في محامي التعويضات وشركات التأمين، بل والوزارات المهمة في البلد حتى رئيس الوزارة. كما عرض الفيلم محاولة شجاعة لإصلاح الفساد من محام مارس الفساد بكل أنواعه ولكنه أفاق ليرى نفسه يشارك مع الآخرين في سحق مستقبل البلاد وشبابه دون مبالاة، فقرر أن يحارب الفساد حتى ولو كان الثمن حياته، فهل ينجح؟

سياق وقائع الفيلم:

يبدأ الفيلم بصورة حافلة مدرسة مزدحمة بطلاب يغنون ويرقصون وهم في رحلة مدرسية، فجأة يظهر أمامهم قطار يضرب الحافلة بقوة مخلفاً وراءه عشرين قتيلاً وعدداً كبيراً من الجرحى. وفي زحمة الحادث تظهر مجموعة من المحامين الذين تجاهلوا إنسانيتهم وتحولوا إلى قناصين يبحثون عن فريستهم وسط ضحايا الحادث دون أي إحساس بالألم أو الحزن، هدفهم الوحيد هو الحصول على توكيلات من

أهالي الطلاب ليحصلوا لهم على تعويض غالباً ما يستولون عليه ويتقاسمونه مع شركات التأمين ونحوها. وللحصول على مبلغ أكبر وهو مليون جنيه قرروا أن يوحدوا العمل وأن يتكلم واحد فقط باسم الجميع ليقع الاختيار على مصطفى خلف المحامي، وهو محام فاسد وظف ذكاءه بدهاء ليحصل على المال من طرق ملتوية ثم ينفقه على السكر والمخدرات ودور الدعارة ونحوها. وإذ به وهو يبحث بين الجرحى عن من يوكله يجد طليقته فاطمة ومعها ولدها سيف وهو احد المصابين في الحادث، ليكتشف أنه ولده الذي أخفته زوجته عنه ونسبته إلى زوجها الثاني. وإذا بمشاعر الأبوة توقظ ضميره الذي غاب عن الوعي زمنا طويلا، فيقرر أن يترافع في هذه القضية بصدق ويطالب بمحاسبة المتسببين الحقيقيين في هذه الحادثة وهم وزراء النقل والتعليم وغيرهم من المسؤولين، وإذا بطلبه هذا يحول القضية إلى حرب بين الضعفاء والأقوياء فيكشف القناع عن الفساد الذي نخر جسم المجتمع وقتل فيه كل القيم والمبادئ التي تشكل درع الحماية للجميع. وإذا بالجميع يتخلى عنه ولأسباب مختلفة إما طمعاً أو خوفاً، فتعرض لمختلف أساليب الترغيب والترهيب، ولكنه يصر على مواجهة الظلم حتى ولو كان الثمن حياته، ويقرر أن يحمي مستقبل الأجيال القادمة ويمنع تعرضها للفساد والظلم الذي سقط فيه جيله والأجيال التي تلته. فيقف ولده وأمه معه ثم تتابع الناس في مساعدته من الذين آمنوا بالقضية حتى يقف في مرافعته الأخيرة فيترك المحكمة وقضاتها بلا خيار إلا أن يوافقوا على استدعاء الوزراء المسؤولين والمثول أمام هيئة القضاء للمحاسبة.

أسئلة عامة:

1. العدل قيمة دعت إليها جميع الأديان السماوية وحاولت البشرية تطبيقها. من خلال تجاربك، كيف تقيم تطبيق الإنسانية للعدل في ممارسات الفرد والجماعة والقانون؟

2. ماذا تعرف عن فلسفة شركات التأمين؟ وما هي أنواع التأمين؟ وكيف تقارن بين شركات التأمين في مصر وأمريكا؟

3. ماذا يحدث للطبيب إذا ارتكب خطأً في حق المريض في أمريكا أو الدول الأوروبية؟

4. ما دور القضاء في محاسبة الوزراء والمسؤولين عند وقوع أخطاء تودي بحياة المواطنين؟ ابحث وقارن بين دوائر القضاء الأمريكي والمصري الحديث في ذلك مع الأدلة الواقعية.

5. الجهل بنسب الأولاد لآبائهم أصبحت مشكلة اجتماعية عالمية. ما هي أسبابها ونتائجها على المجتمعات الإنسانية؟ وكيف تعاملت معها الأديان والقوانين العربية والغربية؟

القسم الأول: القراءة والفهم والاستيعاب

أسئلة ما بعد القراءة ومشاهدة الفيلم:

1. ما هي الرسالة الأساسية التي أراد الفيلم تبليغها؟ هل نجح في ذلك؟

2. من هو المحامي الفاسد؟ وما هي الأسباب التي أفسدته في رأيك؟

3. ما هي الأسباب التي جعلت مصطفى يراجع نفسه؟

4. ما هي أنواع الفساد التي أشار إليها الفيلم فيما يتعلق بالمحامين والأطباء؟

5. ما هي الأساليب التي استعملت ضد مصطفى ليتراجع عن القضية؟ ولماذا؟

6. كيف تقيّم نظام القضاء في مصر كما عرضه الفيلم؟

7. ما رأيك بالفيلم وقصته؟ مَن مِن الممثلين أجاد دوره؟

ضع كلمة (صح) أو (خطأ) (مع ذكر السبب في حالة الخطأ)

1. قتل في حادث الحافلة عشرون طالباً.

2. كانت فاطمة صديقة مصطفى.

3. كان لمصطفى مصلحة خاصة بمحاسبة الوزراء.

4. كان زوج فاطمة يعمل مهندساً.

5. سامية تعمل محامية مع مصطفى وهي زميلته منذ أيام الجامعة.

6. ساعدت فاطمة مصطفى في القضية بتوكيله بعدما سحب الآخرون توكيلاتهم.

مواضيع للبحث والتقديم الصفي:

ابحث بواسطة استخدام الإنترنت أو كتب ومراجع من المكتبة، إلخ. في أهمية دور كل من المواضيع التالية بالنسبة للشعوب:

1. التأمين الصحي
2. القضاء
3. وزارة الصحة
4. وزارة التربية والتعليم
5. وزارة النقل والمواصلات
6. النقابات/ نقابة المحامين

القسم الثاني: المفردات

أهم المفردات والعبارات التي وردت في الفيلم:

الكلمة بالفصحى	المقابل لها بالعامية	المعنى بالإنجليزية
المَحْكَمة	المَحْكَمه	The court
العَدْل/ الظلم	العدل/ الزُلم	Justice/ Oppression
خطاياي وذنوبي	خطاياي وزنوبي	My sins
التوكيلات	التوكيلات	Appointments as representative, agent
الاستئناف	الاستئناف	Appeal
الرشوة	الرشوة	Bribery
المباحث العامة	المباحس العامة	Federal Investigation

الكلمة بالفصحى	المقابل لها بالعامية	المعنى بالإنجليزية
شرطة الآداب	بوليس الآداب	Vice Squad
نقابة المحامين	نئابة المحامين	The Association of lawyers
المستقبل	المستئبل	The future
المخدرات	المخضرات	The drugs
القضية	الئضية	The case, the issue
الاغتصاب	الإغتصاب	Rape
المرافعة	المرفعة	Speech for the defense in court
تلفيق	تلفيء	Fabrication
النسب	النسب	Lineage, decent
انتصارات	انتصارات	Victories
استدعاء الوزراء	طلب الوزرا	Calling on the Ministers
الرأي العام	الرأي العام	Public opinion
الصحافة	الصحافة	Journalism
مَن المسؤول	مين المسؤول	Who is responsible
المعركة طويلة	المعركة طويلة	It is a long battle
الوطنية	الوطنيه	Patriotism, nationalism
الفساد	الفساد	Corruption
جاسوس	جاسوس	Spy
تاريخك الأسود	تاريخك الإسود	Your dark history
القاضي	الئاضي	The judge
مثال/ نموذج	مسال/نموزج	Ideal/ example
التحريات	التحريات	The investigations
أغيثونا	اغيسونا	Help us
استقالة الحكومة	استئالة الحكومة	The resignation of the government
مصلحة	مصلحه	Interest/ benefit

غيّر الكلمات الآتية من الفصحى إلى العامية ثم بين معانيها:

1. استدعاء الوزراء

2. العدل/عدالة السماء

3. خطايا

4. التوكيلات والموكلين

5. الاستئناف

6. المسؤوليات

7. بوليس الآداب

ضع الكلمات التالية في جمل مفيدة:

1. التعويضات

2. التأمين الصحي

3. الوطنية

4. الفساد الحكومي

5. المحامي

6. الوزراء

إختر الإجابة الصحيحة:

1. ينتشر _____ في العديد من دول العالم.
   أ- النظام   ب- الفساد   ج- المظاهرات

2. _____ الأولاد لآبائهم قضية مهمة جداً.
   أ- تعويض   ب- نسب   ج- تأمين صحي

3. من أهم ما دعت إليه الأديان السماوية _____ .
   أ- العدل   ب- الحرية   ج- الكذب

4. في إعصار كاترينا تعرضت الكثير من المنازل للغرق فطلب أصحابها _____ من الحكومة.
   أ- التبرعات   ب- التعويض   ج- حقوق الإنسان

5. رئيس الوزراء لابد أن يتحمل _____ التي تقع على عاتقه.
   أ- الإهمال   ب- المسؤولية   ج- الانتخابات

6. كانت الشرطة تقوم بـ _____ عن المجرمين الذين سرقوا المحل.

أ- بيانات   ب- معلومات   ج- تحريات

7. هناك العديد من الهوايات التي يحبها الشباب ومن أهمها _____ .

أ- المستقبل   ب- السفر   ج- الشطرنج

8. أصبحت نسبة انتشار _____ في العالم اليوم عالية خاصة بين الشباب.

أ- المخدرات   ب- الرياضة   ج- الحوادث

الكلمة وعكسها: اكتب عكس الكلمات ومعانيها فيما يلي:

1. الإهمال والتقصير

2. العدل

3. حب الأب

4. المستقبل

5. المحاسبة

6. الذنوب

7. الصمت

8. الصحة

9. انتصارات

القسم الثالث: المحادثة والنقاش

مشاهد تمثيلية (إختر شخصيتك)

حوار بين الطالب وممثله المفضل. اختر أحد النشاطات التالية:

أ- يختار الطالب ممثله المفضل ثم يحاوره في لقاء صحفي، فيقوم الطالب بصياغة الحوار ثم يقدمه أمام الصف.

ب- يختار الطالب موقفاً معيناً في الفيلم ثم يقوم بتمثيله حياً أمام الصف.

ت- يقوم بعض الطلاب بتقليد بعض الممثلين.

ث- يقوم بعض الطلاب بتمثيل فيلم قصير باللغة العربية يتعلق بنفس قصة الفيلم ولكن مع تغيير بسيط في القصة: لو كان المحامي ليس له ابن بين الطلاب، فكيف سيكون موقفه؟

اسأل زملاءك

مشاهد من الفيلم: وقفات تحليلية

أولاً: مشهد زيارة المحامي ومساعده لأماكن العزاء:

- لماذا حرص المحامي على حضور مجلس عزاء الطلاب الذين قتلوا في حادث الحافلة؟
- قارن بين مجالس العزاء التي تعرفها وما شاهدت في الفيلم. بين أوجه التشابه والاختلاف.
- ما رأيك بتصرفات مساعد المحامي؟

ثانياً: مشهد لقاء مصطفى مع عبد النور في المسجد:

- ما علاقة عبد النور بالقضية؟ وماذا طلب من مصطفى؟
- بماذا أجابه مصطفى؟ ولماذا؟
- ماذا أراد المخرج من هذا المشهد في رأيك؟
- ناقش أهم ملاحظاتك عن هذا المشهد.

ثالثاُ: مشهد مقابلة مصطفى مع العقيد صبحي في المباحث:

- هل كان صبحي يعرف مصطفى من قبل؟ ما نوع العلاقة بينهما في رأيك؟

ما المقصود من العبارات التالية:

- مصطفى: (المرة الفاتت لفقتوا لي تهمة وخرجتموني من النيابة بفضيحة الرشوة،...)
- صبحي: (تورط نفسك بعمل إرهابي الهدف منه قلب نظام الحكم، وهذه المنشورات التي ضبطناها في بيتك...)
- مصطفى: (أنا لا أخاف الموت، قال صبحي: من أجل ماذا؟ قال مصطفى: من أجل ابني وأبنك......)
- ماذا يريد مخرج الفيلم أن يتعلم المشاهد عن نظام المباحث في البلاد العربية؟

رابعاً: مشهد مصطفى مع زميلته سامية في سجن المباحث

- ماذا تستنتج من مقابلة سامية مع صبحي؟ هل كان يعرفها من قبل؟
- لماذا غضبت سامية من مصطفى غضباً شديداً؟ بماذا تفسر غضبها؟
- ماذا تقصد سامية بقولها: (أنا أعرفهم أكثر منك)؟
- وكذلك بقولها: (سينتهكون آدميتك حتى تلعن اليوم الذي ولدت فيه ......)؟

خامساً: مشهد مرافعة مصطفى الأخيرة أمام المحكمة

- ما رأيك في مقدمة مصطفى بشكر عبد النور، وما رأيك بخاتمة مرافعته؟

ماذا يقصد بالعبارات التالية، وما رأيك بها:

- أنا مثال للمحامي الفاسد، بل أكثر فساداً مما يتصوره أستاذي.
- أنا ابن هذه المرحلة والمراحل التي سبقتها، تفتّح وعيي مع التجربة الناصرية، آمنت بها ودافعت عنها، فرحت بانتصاراتها........هنت عندما هان كل شيء، وسقطت كما سقط الجميع في بئر سحيق من اللامبالاة والإحساس بالعجز وقلة الحيلة.
- (أدركت قانون السبعينات ولعبت عليه وتغلبت عليه ..)
- (ولكنني اصطدمت بحالة خاصة، بل شديدة الخصوصية، جعلتني أراجع نفسي وحياتي وحياتنا......اصطدمت بالمستقبل .....رأيتنا نسحقه دون أن يهتز لنا جفن.......)
- (إن هذه جريمة لابد أن يحاسب عليها....إنني لا أطالب إلا بمحاسبة المسؤولين الحقيقيين عن قتل عشرين تلميذاً، لم يكن لهم ذنب إلا أنهم أبناؤنا، أبناء العجز والإهمال والتردّي....)
- (كلنا فاسدون لا أستثني أحداً، حتى بالصمت العاجز، قليل الحيلة، كل ما أطالب به أن نصلي صلاة واحدة للإله الواحد القهار، إله العدل...).

التمرين الثالث: لقاء تلفزيوني

تقديم صفي: مقارنة بين فيلم أمريكي وآخر عربي:

"يقدّم على شكل لقاء تلفزيوني بين فريقي فيلمين ويدور الحوار بينهما في الإجابة على الأسئلة التالية":

قارن بين هذا الفيلم وبين الفيلم الأمريكي "جون كيو" من حيث:

1. القصة والممثلين والتعامل مع المشكلة وطريقة الحل ودور الحكومة في كل منهما.
2. حدد نقاط الضعف والقوة في كلا الفلمين من حيث مقاربتهما للواقع.

مناقشة حرة بين الطلاب

"يتم تقسيم الطلاب إلى فرق ويختار كل فريق واحداً من الموضوعات التالية":

1. ما هي مقاييس العدالة حسب ما جاءت بها الأديان؟ وما هي نتائج تطبيق العدالة بين البشر؟ ما هي نسبة تطبيق العدالة في العالم اليوم؟

2. تخيل أنك مسؤول وطلب منك ومعك فريق مختص تقديم تقييم للنظام الصحي الحالي مع دراسة متعمقة لسلبياته وإيجابياته، ثم تقديم مقترح جديد يعالج نواقص وعيوب النظام الحالي.

3. قارن بين النظام الحكومي في أمريكا ونظيره في مصر فيما يختص بحقوق ومسؤوليات الأطباء تجاه مرضاهم بمعاونة ما فهمته من الفيلم.

4. إذا انتخبت رئيساً للوزراء في مصر، ماذا ستفعل لإصلاح الفساد المتفشي في أجهزة الحكومة المختلفة؟

5. العدل من أهم المبادئ التي تقدسها الأديان؟ ناقش ممارساته على المستويات العالمية والمحلية والأسرية، ثم قيّم آثاره.

6. ما معنى النّسب؟ وما أهميته للأولاد والآباء؟ ما هي أهم المشكلات التي تنتج عن جهل النسب؟ من المسؤول عن هذه المشكلة؟ هل تعرف أحداً يعاني من هذه المشكلة؟

القسم الرابع: الاستماع

استعمل الانترنت أو محطات التلفزيون المختلفة لإكمال التالي:

استمع إلى مرافعات بعض المحامين في مختلف القضايا باللغة العربية عبر الإنترنت (سواء في أفلام أو غيرها) ثم قيّم كل مرافعة من حيث الأسلوب اللغوي والأداء وتوصيل الرسالة المطلوبة.

أجب على الأسئلة التالية:

1. هل يستعمل المحامي اللغة العربية الفصحى أم العامية؟

2. استخرج الغاية الأساسية من المرافعة.

3. ما رأيك بمرافعة مصطفى الأخيرة أمام المحكمة في فيلم (ضد الحكومة)؟ ما الذي أعجبك ولم يعجبك بها؟

4. اختر خمس كلمات مهمة في المرافعة ثم ضعها في جمل مفيدة بأسلوبك.

5. ألّف مرافعة بالعربية تدافع فيها عن قضية تؤمن بها وتحاول أن تثبت صحتها ثم قدمها أمام زملاءك.

القسم الخامس: الكتابة والبحث

نشاط شخصي:

1. تخيل أنك ستقف أمام الكونغرس لتدافع عن قضية تؤمن بها وتعتقد أنه سيكون لها آثاراً سلبية أو إيجابية على المجتمع، كيف ستكتب المرافعة وما هي الأساليب التي ستستعملها لإقناع الكونغرس برأيك؟

2. ترجم مرافعة أعجبتك من اللغة الانجليزية إلى العربية ثم قدمها أمام زملائك في الصف.

3. اكتب تقريراً تقيّم فيه عدالة أساتذتك ووالديك ورؤسائك بالعمل، ونفسك.

مواضيع للكتابة والبحث:

ابحث وحقق في المسائل الآتية:

1. لقد عُرض هذا الفيلم في الثمانينيات ليطرح مشكلة الإهمال والتقصير في أجهزة الدولة وغياب محاسبة المسؤولين، كيف تقارن هذه الحالة بما حصل في إعصار كاترينا في أمريكا؟ وكيف تقيم موقف الحكومة في مواجهة هذه الكارثة؟ من المسؤول؟ وكيف تمت محاسبة المسؤولين؟ وما رأيك بذلك؟

2. في هذا الصيف 2008 وقعت عدة حوادث بين القطارات والسيارات، قارن بينها وبين الحادثة التي طرحها الفيلم من حيث وسائل التعامل مع الحادثة ودور الأجهزة الحكومية المسؤولة ودور شركات التأمين. كيف عرضت وسائل الإعلام والصحافة القضية؟ وهل الحالة اليوم أفضل أم أسوأ؟ لماذا؟

3. ما رأيك في قوانين التأمين الصحي الأمريكية؟ هل توافق على ما طرحه المرشحون لرئاسة أمريكا لعام 2008 من الجمهوريين والديمقراطيين؟ أي مشروع تعتقد أنه يخدم المواطن الأمريكي أكثر، ولماذا؟

5

ناصر 56

Gamal Abdel Nasser © Bettmann/CORBIS

مختصر حبكة الفيلم:

يتناول الفيلم شخصية جمال عبد الناصر كرئيس لمصر في فترة مهمة من تاريخها الحديث، كما يحاول الفيلم إبراز الجانب الإنساني في شخصيته كرجل أسرة وصديق وإنسان أحبه شعبه بكل طبقاته. تدور قصة الفيلم حول التطورات التي سبقت قرار تأميم قناة السويس وإنشاء السد العالي على نهر النيل، وهو القرار الذي اتخذه الرئيس المصري جمال عبد الناصر خلال فترة حكمه الأولى. كان هذا القرار حلماً يراود خيال كل مصري حتى أصبح حقيقة وواقعا كان له أثره في تاريخ مصر الحديث. يقدم الفيلم مراجعة سريعة لأهم أحداث الواقع العالمي آنذاك وطبيعة العلاقات الدولية خاصة بين الغرب والعالم العربي والتي كان لها دورها في دفع عبد الناصر للتفكير في تسريع عملية تأميم قناة السويس. ويتوسع الفيلم بتتبع تفاصيل دقيقة حدثت قبل التأميم، منها: التأكيد على استعانة عبد الناصر بمختلف الخبراء المصريين لدراسة ومناقشة تاريخ مشروع حفر القناة وطبيعته وأهميته الاقتصادية والسياسية لمصر، واستشارته لمختلف الكوادر السياسية والعسكرية والاقتصادية وغيرها. ثم يحاول الفيلم أن يؤكد على إدراك عبد الناصر لأهمية دراسة امكانية وكفاءة المصريين الفنية والعسكرية في حالة إعلان قرار التأميم. وبناءً على ذلك تم رسم خطة استراتيجية من قبل مختصين للسيطرة على الدوائر المهمة في القناة، بالإضافة إلى التخطيط لمحاصرة أية محاولة شغب قد تصدر داخلياً أو خارجياً مما قد يؤدي إلى إفشال عملية السيطرة على إدارة القناة.

سياق وقائع الفيلم:

تبدأ أحداث الفيلم في منطقة السويس في حفل يرفع فيه جمال عبد الناصر العلم المصري وهو ينظر بعدم ارتياح إلى علم الشركة العالمية للملاحة البحرية وهو يرفرف على أرض السويس. وقبل انصراف الرئيس يظهر رجل بسيط يحاول رفع

شكواه لعبد الناصر، متذمراً من ظلم الشركة وتطاولها على حقوق الموظفين المصريين وتفضيلها المستمر للأجانب في المستوى الوظيفي. يظهر الفيلم عبد الناصر بنظرة حائرة وشبه عاجزة، وكأنه لا يملك من الأمر شيئاً.

تتسارع الأحداث بعد ذلك، حيث يقابل عبد الناصر نهرو ليؤسسا معاً منظمة دول عدم الانحياز، ثم تعلن أمريكا سحب التمويل عن مشروع بناء السد العالي والذي كان يؤمل لبناءه أن يطور التنمية والاقتصاد المصري. فعلى الرغم من توقعات عبد الناصر للقرار إلا أنه فوجئ بمهاجمة دول الغرب لشخصه، مما جعله يعتقد أنها محاولة لاهانته شخصياً لإثارة الشعب ضده كما حصل من قبل لرئيس إيران مصدّق. فيبدأ عبد الناصر بالتفكير بخطوة جريئة وهي تأميم قناة السويس التي سينتهي امتياز الشركة العالمية لها بعد اثنتي عشرة سنة. يركز الفيلم على إظهار عبد الناصر وهو يقضي وقتاً بدراسة وتحليل ما جاء في شأن تاريخ القناة وأهميتها لتطوير اقتصاد مصر، بل ويتوصل إلى أنها الوسيلة الوحيدة لبناء السد العالي دون الحاجة إلى مساعدات الغرب. فيبدأ بمناقشة المقربين منه من علماء ومتخصصين في مختلف المجالات وسياسيين وعسكريين ويظهر الفيلم عبد الناصر وهو يستمع إلى الجميع بانتباه وخاصة أن الآراء انقسمت بين مؤيد للقرار ومعارض له. كما أظهر الفيلم أن من أهم أسباب المعارضة كان التوقيت وليس حق مصر بتأميم قناة السويس. ولذلك فقد قدم الكثير من المعارضين اقتراحات بديلة عن مشروع التأميم ولكن عبد الناصر أصر على التأميم، وأعلن أمام وزرائه ومستشاريه عن مسؤوليته الكاملة عن هذا القرار ونتائجه وإعفائهم من تلك المسؤولية. ويركز الفيلم على تتبع تفاصيل خطة السيطرة على القناة ونجاحها وإعلان عبد الناصر لقرار التأميم وما تلاه من نتائج بهجوم العدوان الثلاثي على مصر، لينتهي الفيلم بخطبة عبد الناصر في الجامع الأزهر محفوفاً بحشد كبير من المصريين يؤيدونه ويهتفون له.

أسئلة عامة:

1. ماذا تعرف عن جمال عبد الناصر؟

2. لماذا تقوم بعض الدول النامية بالمطالبة بتأميم مواردها الطبيعية؟

3. ما هو الهجوم الثلاثي على مصر؟ وما هي أسبابه؟

4. ما ذا تعرف عن منظمة دول عدم الإنحياز؟

القسم الأول: القراءة والفهم والاستيعاب

أسئلة ما بعد القراءة ومشاهدة الفيلم:

1. لماذا أظهر المخرج شخصية المواطن المصري حامد علي الجميل في ثلاثة مشاهد في الفيلم؟

2. في رأيك، ماذا أراد المخرج أن يخبرنا الفيلم في مشهد مكالمة المرأة الريفية لجمال عبد الناصر في الساعة الرابعة صباحاً؟ هل هناك علاقة بين هذا المشهد ومشهد المرأة الصعيدية التي جاءت لزيارة عبد الناصر في مكتبه بعد قرار التأميم؟

3. هل كان عبد الناصر رجل أسرة؟ دلل على رأيك بمشاهد من الفيلم.

4. ما هي فوائد بناء السد العالي في مصر؟

5. متى انتهى امتياز الشركة العالمية في السويس؟ وما هي الأسباب التي دعت عبد الناصر للتفكير بقرار التأميم كما أظهرها الفيلم؟

6. ما هي أهم المخاوف والاقتراحات التي قدّمت لجمال عبد الناصر في شأن التأميم وتوقيته؟ هل كانت فكرة متهورة أم مدروسة بدقة؟

7. ما هي أهم نتائج تأميم القناة على مصر؟

8. كيف تمكن المصريون من إدارة قناة السويس بعد قرار التأميم؟

ماذا تعرف عن الأسماء الآتية حسب مشاهدتك للفيلم؟
1. عبد الحكيم عامر
2. عبد الحميد أبو بكر
3. محمود يونس
4. مصطفى الحفناوي
5. أم ياسين
6. طلعت العطار
7. فتحي رضوان
8. صلاح سالم

من قائل هذه العبارات ومتى قيلت؟

1. "المغزى الذي في هذا البيان رهيب..... طبعاً ما كان قصدهم منع المساعدات عن مصدق وإنما كان قصدهم إهانة حكومة مصدق، وهذا أضعف موقفها وأدى إلى قيام انقلاب ضده.

2. "قرار البنك الدولي قرار سياسي."

3. "هذه مغامرة........أنا خايف عليك يا ريس، أنا خايف عالبلد ......أنا سامع بإذني صوت القنابل والطيارات."

4. "العالم دائماً قوتان ووجود قوة ثالثة ليس سهلاً."

5. "الشعب العربي كله سيكون معك، وكل الذين يحلمون أن يسيطروا على مواردهم سيكونون معك."

6. "الغرب لن يتركنا، .... خاصة في الوقت الذي أصبح للبترول أهمية كبرى وغالباً ما يتم نقله عن طريق قناة السويس."

7. "الشركة لم تدرب كوادر مصرية لتدير القناة."

القسم الثاني: المفردات

أهم المفردات والعبارات التي وردت في الفيلم:

الكلمة بالفصحى	المقابل لها بالعامية	المعنى بالإنجليزية
كل عام وأنتم بخير	كل سنة وانتو طيّبين	Happy times all around
صحفي	جورنجلي	Journalist
لا يريدونا أن نحقق أي شيء	مش عايزينا نحقق أي حاجة	They don’t want us to accomplish anything
نصرك الله يا بني	ربنا ينصرك يبني	May God grant you with victory my son
جيد	كويس	Good
هل فقدت عقلك/ صوابك	إنتَ تجننت يا محمود!	Did you lose your mind! Or are you crazy!
سحبوا تمويل السد	سحبوا تمويل السد	They withdrew the dam’s financing
عدم الانحياز	عدم الانحياز	Non-alignment
لا اعرف	ما عرفش	I don’t know
أريد منكم	عاوز منكم	I want from you
الرئيس	الريّس	The president
سأقوم بتأميم القناة	حأمم القناة	I will nationalize the canal
الأستعمار	الاستعمار	Colonization, imperialism
سيصل	حيوصل	He will arrive
يجب أن نجتمع الآن	لازم نجتمع دلوئتي	We have to meet now
في عجلة	مستعجل	In a hurry
غداً	بكرة	Tomorrow
اتفاقية	اتفائية	Treaty
مهمة سرية	مهمة سريه	Secret mission
عندما أتقاعد	لمّا اطلع على المعاش	When I retire

المعنى بالإنجليزية	المقابل لها بالعامية	الكلمة بالفصحى
Shipping, navigation	الملاحه	الملاحة
A surprise/ suddenly	المفاجئة	المفاجأة
Citizens	المواطنون	المواطنون
The departure of the occupation forces	جلاء الاحتلال	جلاء الاحتلال
Secret	سر	سر
Code word	كلمة السر	كلمة السر
National income/ revenues	الدخل القومي	الدخل القومي

غيّر الكلمات الآتية من العامية إلى الفصحى ثم بين معانيها:

1. مش عارف.
2. النهاردة.
3. اتفاقية حفر القنال.
4. أنا صعيدية زيك .
5. قرار سياسي .
6. الاحتلال .

ضع الكلمات الآتية في جمل مفيدة:

1. البترول
2. اتفاقية
3. قرار
4. إدارة
5. المفاجأة
6. الرئيس

إختر الإجابة الصحيحة:

1. مَن تولى _____ قناة السويس بعد إعلان قرار تأميم؟

   أ- إدارة   ب- قيادة   ج- رئاسة

2. معظم الدول العربية كانت تحت _____ الأجنبي في بداية القرن العشرين.

   أ- الاستعمار   ب- الحكومة   ج- التمويل

3. أعلن عبد الناصر تأميم شركة السويس العالمية لـ _____ وتحويلها إلى شركة مصرية مساهمة.

   أ- البحرية   ب- الملاحة   ج- العسكرية

4. جمال عبد الناصر شارك في تأسيس منظمة _____

   أ- عدم الانحياز   ب- الأمم المتحدة   ج- جمعية حقوق الإنسان

5. كيف نبني السد العالي من غير _____ القناة؟

   أ- تأميم   ب- تحسين   ج- بناء

6. كانت خطة السيطرة على الشركة العالمية للقناة تعتمد على _____ .

   أ- عنصر المفاجأة   ب- السر   ج- السياسة

7. هناك العديد من _____ المصريين الذين ساعدوا في إدارة قناة السويس بعد التأميم.

   أ- الأشخاص   ب- المواطنين   ج- العاملين

القسم الثالث: المحادثة والنقاش

مشاهد تمثيلية (إختر شخصيتك)

حوار بين (الطالب) وممثله المفضل: يختار الطالب واحداً من الأنشطة التالية:

أ- يختار الطالب ممثله المفضل ثم يحاوره على هيئة لقاء صحفي، فيقوم الطالب بصياغة الحوار ثم يقدمه أمام الصف.

ب- يختار الطالب موقفاً معيناً من الفيلم ثم يقوم بتمثيله حياً أمام الصف.

ت- يقوم بعض الطلاب بتقليد بعض الممثلين.

ث- يقوم بعض الطلاب بتمثيل فيلم قصير باللغة العربية وتسجيله على الفيديو ثم عرضه في الصف.

لقاء تلفزيوني

تقديم صفي: مقارنة بين فيلمين يمثلان حياة رئيسين مختلفين أحدهما عربي (ناصر 56)، والآخر أمريكي. يقدم التمرين على شكل لقاء تلفزيوني بين فريقي فيلمين ويدور الحوار بينهما حول الأسئلة التالية:

1. حدد نقاط الضعف والقوة في كلا الرئيسين من حيث مقاربتهما للواقع التاريخي.

2. هل يميل الفيلم إلى التحيّز مع أو ضد الرئيس؟

3. هل كان الفيلم محايداً في عرضه لتفاصيل حياة الرئيس؟

4. ما تأثير هذا النوع من الأفلام على الرأي العام؟

تقييم الواقع التاريخي: مناقشة حرة بين الطلاب
يتم تقسيم الطلاب إلى فرق ويختار كل فريق واحداً من المواضيع التالية:

1. كان لجمال عبد الناصر محبين ومبغضين، كيف تقيّم فترة حكمه من حيث:

أ- الأسلوب: هل تعتبره حاكماً ديمقراطياً أم ديكتاتورياً؟ هل سمح بالتعددية أم بأحادية الحكم، إلخ.؟

ب- الشخصية؟

ت- علاقاته: بأسرته، بأصدقائه، بالعاملين معه وله، بشعبه، برؤساء الدول العربية وشعوبها، برؤساء الغرب وشعوبه؟

ث- استغلاله لمركزه كرئيس لتحقيق مصالحه الشخصية؟ قارن بينه وبين السادات وحسني مبارك وغيرهم من رؤساء العالم اليوم.

ج- أوجه تشابه أو اختلاف بين موقف الغرب من جمال عبد الناصر عند تأميمه القناة، وموقف الحكومة الأمريكية من صدام حسين بإدعاء امتلاكه السلاح النووي؟ قارن بين خطابات المسؤولين في كلا الموقفين.

ح- ما قدمه جمال عبد الناصر لمصر وللعالم العربي خلال فترة حكمه؟

2. ما هي أهم النتائج الإيجابية والسلبية لتأميم القناة، وآثارها على المصريين والعرب عموماً؟

3. كيف تقيّم موقف الغرب من تأميم قناة السويس؟ قارن بين التحالف الثلاثي وهجومه على مصر بعد التأميم، وموقف قوات التحالف من العراق بعد دخولها الكويت. ما هي أهم النتائج التي ترتبت على تلك التحالفات بالنسبة للغرب من جهة وللشعوب العربية من جهة أخرى؟

4. ما رأيك في فاعلية دور المخابرات المصرية في تقييم قدرات الجيش البريطاني آنذاك خاصة أن عبد الناصر - كما جاء في الفيلم - جعل قرار تأميم القناة مرتبطاً بتقرير المخابرات؟ هل كان التقرير دقيقا؟ لو جاء التقرير يحذر عبد الناصر من إعلان قرار التأميم في ذلك الوقت، هل تظنه كان سيؤخر التأميم أو يلغي القرار نهائياً؟ هل تعتقد أن رؤساء الدول اليوم يأخذون بدراسات وتقارير مخابرات بلادهم إذا خالفت قراراتهم السياسية؟ استحضر بعض الأمثلة وناقشها.

5. قارن بين موقف البنك الدولي في مساعدة مصر في بناء السد العالي في الخمسينيات وبين مواقفه اليوم في مساعدة مختلف الدول النامية؟ ما رأيك في تعامل البنك الدولي مع أزمات الدول النامية الحالية كالغذاء وانتشار الأمراض الخطيرة كالإيدز في أفريقيا والسرطان وغيره في الدول التي تكثر فيها الحروب؟

القسم الرابع: الاستماع

1. استمع لبعض خطابات جمال عبد الناصر، ثم أجب على الأسئلة التالية:

أ- هل يستعمل اللغة العربية الفصحى أم العامية؟

ب- استخرج الغاية الأساسية من الخطاب.

ج- استخرج بعض الكلمات المكررة في خطابه.

د- إختر خمس كلمات مهمة في الخطاب ثم اجعلها في جمل مفيدة بأسلوبك الخاص.

2. استمع لخطب بعض الرؤساء العرب اليوم وقيّمها حسب علمك باللغة العربية.

3. قارن بين خطبة عبد الناصر حين أعلن قرار التأميم وبين خطبته بالأزهر في آخر الفيلم، من حيث اللغة وأسلوب الأداء.

4. هل كانت هناك آيات قرآنية في الفيلم؟ استمع إلى بعض الآيات من حيث اللغة والصوت .

5. هل كانت هناك أغاني في الفيلم؟ استمع إلى بعض الأغاني أو الأناشيد العربية الوطنية.

6. ألّف أغنية أو شعراً قصيراً بالعربية، وقدم ذلك أمام زملاءك.

القسم الخامس: الكتابة والبحث

نشاط شخصي:

1. تخيل أنك رئيساً واكتب خطاباً تقنع شعبك فيه بقضية خطيرة ومصيرية، كيف ستصوغ خطابك وما هو الأسلوب الذي ستستعمله؟ وكيف تقارنه بخطاب عبد الناصر في تأميم القناة، ورد فعل الشعب المصري آنذاك؟

2. لو كنت مكان عبد الناصر ماذا كنت ستفعل؟

3. ترجم خطاباً يعجبك من اللغة الانجليزية إلى العربية ثم قدمه لزملائك في الصف.

مواضيع للكتابة والبحث:

1. ما معنى التأميم؟ لماذا تسعى الدول للتأميم؟ مَن مِن رؤساء العالم قام بتأميم موارد بلاده؟ في رأيك ما هي أهم التجارب الناجحة أو الفاشلة؟ وما هي نتائج كل منها؟ ولماذا؟

2. ابحث واكتب عن تاريخ حفر قناة السويس عبر تاريخ مصر، وما دور القناة في الملاحة البحرية العالمية اليوم.

3. ماذا تعرف عن علاقة جمال عبد الناصر بجماعة الإخوان المسلمين؟

4. أكتب عن دور مصر السياسي في العالم العربي قبل وبعد جمال عبد الناصر.

5. ما هو دور البنك الدولي في مساعدة وتمويل دول العالم الفقيرة؟ قم بعقد مقارنة بين الأمس واليوم.

6. كيف تقرأ محاولات بعض الرؤساء الغربيين في تحسين اقتصاد بلادهم مقارناً إياها بمحاولات غيرهم من رؤساء دول العالم الثالث؟ وهل تعتبر محاولة جمال عبد الناصر نموذجاً لذلك؟

7. قارن بين الوضع الاقتصادي المصري في زمن عبد الناصر واليوم من حيث نسبة الفقر والبطالة والفساد الوظيفي.

6 هالو أمريكا

مختصر حبكة الفيلم:

تتحدث قصة الفيلم عن مصريين كان حلمهما أن يزورا أمريكا، ثم يتحقق الحلم عن طريق قريب لأحدهما يعيش في أمريكا منذ عشرين سنة يدعوهما للزيارة، ولكن ما أن تطأ أقدامهما نيويورك حتى يفاجئا بسلسلة من المغامرات والتحديات جعلتهما يفضلان العودة إلى مصر. يركز الفيلم -وبشكل كوميدي- على محاولة رسم خطوط عريضة تحدد طبيعة العلاقة بين أمريكا والعالم العربي من خلال استعراضه للعديد من القضايا الاجتماعية والسياسية والنظم القانونية المهمة التي أظهرت أوجه التشابه والاختلاف بين بنية المجتمعين من حيث الثقافة والقيم والتقاليد الاجتماعية. كما يحاول الفيلم إبراز بعض التناقضات في الممارسة داخل المجتمع الواحد سواء الأمريكي أو العربي والتي تبدو أنها تخالف في الأصل تلك القيم والتقاليد المتعارف عليها في ذلك المجتمع.

سياق وقائع الفيلم:

تبدأ أحداث الفيلم في مقهى شعبي حين يجيب صاحب المقهى على مكالمة جاءت من أمريكا لرجل كان نائماً في المقهى اسمه بخيت. كانت المكالمة من ابن عمه الذي يعيش في أمريكا منذ عشرين سنة يطلب من بخيت أن يبيع له أرضه، فيرحب بخيت بالفكرة ثم يسأله بالمقابل أن يساعده لزيارة أمريكا، فيوافق الرجل ويرسل له الدعوة. يفرح جميع الأهل والأصدقاء بسفر بخيت وصاحبته التي أصرت أن تذهب معه إلى أمريكا. وتبدأ رحلة استكشاف أمريكا منذ لحظة هبوط الطائرة على أرض مطار نيويورك، عندما تسقط بالخطأ علبة سائل الجبن القديم المسمى "بالمش" وينسكب السائل على أرض الطائرة، فيظنه فريق أمن الطائرة أنه قنبلة جرثومية، فتصاب الطائرة بفوضى خاصة عندما ذكر بخيت أنهما عربيان مما أثار الذعر في نفوس ركاب الطائرة، فهربوا مذعورين من أمامه، وينتهي الموقف ببراءتهما ثم تسليمهما

إلى قريب بخيت المصري المتزوج من أمريكية ولهما ولد في الابتدائية وبنت في السادسة عشرة من العمر.

في بيت نوفل يفاجئ بخيت وعديلة باختلاف العادات والتقاليد والقيم، ووضوح الطمع والمادية البحتة في تصرفات الأسرة، والتي بدأت باستغلال عفوية كرم بخيت وعديلة. والكرم عادة عربية معروفة، فكلما أعجب الأولاد أو الأم بشئ أعطوهم إياه وهذا كان غريباً على أسرة نوفل. أما آداب ضيافة أسرة نوفل فكانت صدمة أخرى لهما، حيث خُصصت لهما أسوء غرفة في البيت ثم طلب منهما نوفل العمل مقابل المال، بمعنى أن يقوما بكل أعمال المنزل من التنظيف والطبخ ونحوها كي يحصلا على المال. وحتى عندما أصيب بخيت في حادثة السرقة والإعتداء في السوق أصر نوفل على أنه لا مال إلا بالعمل، بل ورفض معالجة بخيت لان نظام الصحة والعلاج في أمريكا معقد وغالي جداً خاصة لمن لا يملك تأمينا صحيا. ولكن بالمقابل ظهرت مادية نوفل أشد وضوحاً باهتمامه الكبير بحادث السيارة الذي تعرض له بخيت لأنه قد يحصل من ورائه على المال الكثير حسب القانون الأمريكي، ولكن ما أن علم بعدم جدوى القضية، غضبت زوجته منهما وطردوهما من البيت.

و يبرز الفيلم تأثير سمة المادية البحتة في المجتمع الأمريكي على كل أفراده بغض النظر عن انتماءاتهم الدينية أو الإثنية خاصة حين استنجد بخيت وعديلة بإمام الجامع والذي كان من المتوقع أنه يتصف بأخلاق الدين والعروبة وهي المروءة ومساعدة المحتاجين دون مقابل مادي أو معنوي، وإذ به يعرض عليهم المساعدة ولكنها مشروطة بأن يعملا في جمع التبرعات له ولجماعته. وكان الأسوأ من ذلك أنه نسي قيمه الدينية والأخلاقية وسمح لنفسه أن يتلاعب على القانون المدني الأمريكي، وذلك عندما طلب منه بخيت أن يساعده في الحصول على الإقامة فنصحه بأن أسرع طريق إلى هذا هو زواج عرفي من أي أمريكية. وهكذا تجاهل قيم الدين والإنسانية المتمثلة

بالصدق والوفاء والإخلاص من أجل المصلحة الشخصية والتي أظهرها الفيلم مرة أخرى عندما اكتشفوا أن السيارة التي صدمت بخيت كانت لإبنة مرشح الرئاسة الأمريكي الديمقراطي. ومن ثم تبدأ جولة أخرى من الصراع على المال والجاه والشهرة والجري وراء أطماع شخصية فانية تحول الإنسان إلى عبد للمال والمادة ليفقد بالمقابل معنى إنسانيته، وهذه هي الحقيقة التي استمر الفيلم بتأكيدها حتى نهايته.

أسئلة عامة:

1. قارن بين علاقة العرب بالغرب من حيث الجانب الثقافي والعلمي والاجتماعي في فترة وجود العرب في الأندلس ووجودهم اليوم في الغرب.

2. في رأيك، هل تؤمن بتأثير الحضارات الإنسانية بعضها على بعض سلباً أو إيجاباً؟ وكيف؟

3. ماذا تعرف عن العرب الأمريكيين؟ هل لديك أصدقاء عرب؟ كيف تصفهم؟

4. في رأيك، ما هي أوجه التشابه والاختلاف في تعامل أمريكا مع مواطنيها من العرب الأمريكيين بعد أحداث الحادي عشر من سبتمبر والأمريكيين اليابانيين بعد أحداث بيرل هاربر؟

5. ما المقصود بالهجرة؟ ولماذا يهاجر الناس من بلد إلى آخر؟ لماذا يرغب كثير من الناس اليوم بالهجرة إلى أمريكا؟ وما رأيك بقوانين الهجرة الأمريكية؟

6. قارن بين وضع الأسرة في الغرب وبين الأسرة العربية اليوم من حيث العلاقة بين الرجل والمرأة، وعلاقة الوالدين بالأولاد؟ موضحاً إيجابيات وسلبيات كلاً منهما.

القسم الأول: القراءة والفهم والاستيعاب

أسئلة ما بعد القراءة ومشاهدة الفيلم:

1. كيف أظهر الفيلم العلاقة العربية-الأمريكية؟

2. ما هي أشهر العادات والتقاليد الاجتماعية العربية التي ظهرت في الفيلم؟

3. هل للعرب والمسلمين الأمريكيين دور في الانتخابات؟ كيف؟

4. كيف تصف علاقة أمريكا بمصر اليوم؟

5. ما هي أهم أوجه التشابه والاختلاف بين المفاهيم والتقاليد الغربية والعربية في إطار العلاقات الإنسانية كالزواج والجيرة والصداقة والقرابة؟

6. ما رأيك بالفيلم؟ ولماذا؟

مواضيع للبحث والتقديم الصفي:
ابحث بواسطة استخدام الإنترنت أو كتب ومراجع من المكتبة، إلخ. في المواضيع التالية بالنسبة للحضارتين العربية والغربية:

1. الديمقراطية
2. الانتخابات
3. الإمبريالية
4. الاستعمار
5. المقاومة
6. الإرهاب

أجب بـ (صح) أو (خطأ) في الجمل الآتية مع تصحيح الخطأ:

1. بخيت يعيش في أمريكا منذ عشرين سنة.
2. زوجة نوفل أمريكية.
3. كان بخيت عضواً في مجلس الشعب المصري ثم طرد منه.
4. عديلة تعمل مترجمة.
5. محامي بخيت أمريكي من أصل عربي.
6. رشح بخيت نفسه ليكون عمدة نيويورك.
7. عرض محامي مارلين مائة مليون دولار.
8. جاءت الشرطة على بخيت خمس مرات.
9. قرر بخيت وعديلة البقاء في أمريكا.
10. ساعد بخيت جاكسون المرشح الديمقراطي للرئاسة في الإنتخابات.

القسم الثاني: المفردات

أهم المفردات والعبارات التي وردت في الفيلم:

الكلمة بالفصحى	المقابل لها بالعامية	المعنى بالإنجليزية
مجلس الشعب	مجلس الشعب	Parliament
رشح نفسه	رشح نفسه	Nomination as a candidate for election
انتخابات	انتخابات	Election
العولمة	العولمه	Globalization
الشواذ	الشواز	Irregularity, deviation
سكران	سكران	Drunk, intoxicated
الحصانة	الحصانة	Immunity of diplomats
النخوة والشهامة	النخوه والشهامه	Dignity, sense of honor, audacity, decency, noble- mildness
عصابة	عصابه	Gang, group
مظاهرات	مزاهرات	Public demonstrations
عقد مدني	عئد مدني	Civil contract
القضية	الأضيه	The case, the issue
الاستعمار	الاستعمار	Colonization, imperialism
الحزب الجمهوري	الحزب الجمهوري	The Republican party
التبرعات	التبرعات	The donations
يقبل	يبوس	To kiss
تقطع المعونة	تئطع المعونه	To cut off the financial aid
التعويض	التعويض	Compensation
القنصلية المصرية	الئنصليه المصريه	Egyptian Consulate
الأمن	الأمن	Security

المعنى بالإنجليزية	المقابل لها بالعامية	الكلمة بالفصحى
The radical groups	الجماعات المتطرفه	الجماعات المتطرفة
Citizens	المواطنين	المواطنون
Voting	التصويت	التصويت
Guests	الضيوف	الضيوف
Presidency	رئاسه	رئاسة
The people worship the dollar here	الناس بيعبدو الدولار هنا	الناس هنا يعبدون الدولار
Materialism	الماديه	المادية
Ideal	المعنويات	المعنويات
The minority	الأئلليه	الأقلية

حول الكلمات الآتية من الفصحى إلى العامية ثم بيّن معانيها:

1. الزواج صوري

2. تعدد الزوجات

3. مرشح للرئاسة

4. الحرية الشخصية

5. قنبلة جرثومية

6. جهة إرهابية

7. الملابس

8. نهارك سعيد

ضع الكلمات الآتية في جمل مفيدة:

1. التطرف
2. المعونة
3. التعويض
4. العصابة
5. الشهامة
6. العولمة
7. الانتخابات

إختر الإجابة الصحيحة:

1. خرج الكثير من الأمريكيين في _____ في الشوارع ضد الحرب.
   أ- انتخابات   ب- قيادات   ج- مظاهرات

2. بعض الآباء لا _____ أولادهم.
   أ- يسافرون   ب- يقبلون   ج- يدرسون

3. _____ خلق جميل.
   أ- الشهامة   ب- القضية   ج- الكذب

4. أصيب زميلنا في حادث سيارة ولذلك طلب _____ .

    أ- التبرعات   ب- التعويض   ج- حقوق الإنسان

5. كيف نبني حكومة ديمقراطية من غير _____ ؟

    أ- ترشيح   ب- تصويت   ج- انتخابات

6. كانت خطة المرشح الديمقراطي للرئاسة أن يقدم _____ للدول النامية.

    أ- انتخابات   ب- تصويت   ج- معونة

7. هناك العديد من _____ العرب الذين هاجروا إلى أمريكا في الستينيات.

    أ- الناس   ب- المواطنين   ج- المرشحين

اكتب عكس الكلمات ومعانيها فيما يلي:

1. المادية
2. العلمانية
3. الديمقراطية
4. السلام
5. الكذب
6. الأقلية
7. متزوج
8. صديق

القسم الثالث: المحادثة والنقاش

مشاهد تمثيلية (اختر شخصيتك)

حوار بين (الطالب) وممثله المفضل: إختر واحداً من الأنشطة التالية:

أ- يختار الطالب ممثله المفضل ثم يحاوره على هيئة لقاء صحفي، فيقوم الطالب بصياغة الحوار ثم يقدمه أمام الصف.

ب- يختار الطالب موقفاً معيناً من الفيلم ثم يقوم بتمثيله حياً أمام الصف.

ت- يقوم بعض الطلاب بتقليد بعض الممثلين.

ث- يقوم بعض الطلاب بتمثيل فيلم قصير باللغة العربية وتسجيله على الفيديو ثم عرضه في الصف.

إسأل زملاءك:

مشاهد من الفيلم: وقفات تحليلية

أولاً: مشهد بخيت مع أصدقائه:

- عرض الفيلم من خلال توصيات الأصدقاء ملخص سريع لرؤية العربي لأمريكا التي تتفاوت بين الإعجاب والحذر، فبماذا الإعجاب ولماذا الحذر؟ ناقش أهم ملاحظاتك عن هذا المشهد.

- إذا أردت السفر إلى بلد آخر، مَن تسأل أو تستشير؟ ولماذا؟

ثانياً: مشهد حوار بخيت مع الأسرة حول مادونا:

- كيف بيّن الفيلم الفروقات بين الثقافتين العربية والغربية خاصة فيما يتعلق بالتقاليد والتنشئة الاجتماعية والتربوية والقيم الأخلاقية؟

- كيف تفسر استنكار بخيت على ابنة نوفل أن يكون لها صاحب وهو عمل مستنكر في المجتمع العربي خارج إطار الزواج، ولكنه يسمح لنفسه باتخاذ صاحبة؟

- ما هي أهم تجاربك العاطفية؟ وما موقفك من الزواج؟

- إذا كان لديك أولاد، على ماذا تنشئهم؟ وما هي أهم القيم والأخلاق التي تتمنى أن يتصف بها أطفالك؟

ثالثاً: مشهد بخيت مع شكري إمام المسجد:

- لماذا حاول الفيلم تعميم مفهوم التطرف والتعصب على جميع المسلمين الأمريكيين؟ ولماذا تجاهل صورة المعتدلين منهم؟

- كيف تصف شخصية شكري؟ وهل تتفق مع مخرج الفيلم بأن يجعله ممثلاً عن المسلمين الأمريكيين؟ ولماذا؟

- ماذا تعرف عن الزواج عند العرب؟ وهل شاهدت أو حضرت حفلة عرس عربي؟ وما الفرق بين العرس العربي والأمريكي؟

لقاء تلفزيوني

تقديم صفي: مقارنة بين فيلمين أحدهما عربي والآخر أمريكي يمثلان وجهة نظر كل منهما تجاه الآخر. يقدم على شكل لقاء تلفزيوني بين فريقي فيلمين ويدور الحوار بينهما حول الإجابات على الأمور التالية:

1. حدد نقاط الضعف والقوة في كليهما من حيث مقاربتهما للساحة السياسية والواقع الاجتماعي.

2. هل تعتبر الفيلم منحازاً؟ ولماذا؟

3. ما تأثير هذا النوع من الأفلام على الرأي العام؟

مناقشة حرة بين الطلاب:

يتم تقسيم الطلاب إلى فرق ويختار كل فريق واحداً من المواضيع التالية:

1. ما هي العولمة؟ وما هي أهم نتائجها على العالم العربي في رأيك؟

2. كيف تقيّم موقف الغرب من العرب اليوم سياسياً واقتصادياً؟

3. ما دور العرب والمسلمين الأمريكيين المهاجرين في المجتمع الأمريكي؟ ناقش أهم ما يقدمونه للمجتمع في إطار المؤسسات الأكاديمية والاقتصادية والعلمية والمستشفيات.

4. ما رأيك في فاعلية الجيل الثاني والثالث من العرب والمسلمين الأمريكيين في المجتمع الأمريكي؟

5. الحرية من أهم المبادئ التي تقدّسها أمريكا؟ ناقش ممارساتها على المستوى الشعبي والسياسي والاقتصادي، ثم قيّم آثارها؟

القسم الرابع: الاستماع

استعمل الانترنت أو محطات التلفزيون المختلفة التي تعرض الخطب الدينية. استمع إلى خطبة الجمعة باللغة العربية وقارنها بخطبة يوم الأحد في كنيسة، ثم أجب على الأسئلة التالية:

1. هل يستعمل الخطيب اللغة العربية الفصحى أم العامية؟

2. استخرج الغاية الأساسية من الخطبة.

3. استخرج بعض الكلمات المكررة في كلتا الخطبتين.

4. ما رأيك بالخطبة؟ علل إجابتك؟

5. إختر خمس كلمات مهمة في الخطبة ثم ضعها في جمل مفيدة بأسلوبك الخاص.

6. ألّف خطبة أو أغنية أو شعراً قصيراً بالعربية، وقدمه أمام زملائك.

القسم الخامس: الكتابة والبحث

نشاط شخصي:

1. تخيل أنك عربي أمريكي. ماذا تفعل لتحسين صورة كل من العربي والأمريكي لدى الآخر؟

2. ترجم خطبة دينية أعجبتك من اللغة العربية إلى الإنجليزية ثم قدمها لزملائك في الصف.

مواضيع للكتابة والبحث:

1. اكتب ما تعرفه عن تاريخ العرب والمسلمين في أمريكا.

2. ما رأيك بقوانين الأمن الأمريكية خاصة بعد الحادي عشر من سبتمبر؟ وما هو تأثير القوانين هذه على كل من الحرية الشخصية وأمن البلاد؟ هل ترى أنها ستساعد على توفير نسبة أعلى من الأمن أو أنها وسيلة تدريجية لفقدان حرية الرأي؟

3. ما هو التطرف؟ كيف تتكون تيارات التطرف؟ وهل التطرف ظاهرة عامة لا تختص ببلد أو دين أو قومية؟ دلل على ما تقول من ناحية تاريخية.

4. ما رأيك بتيارات التطرف في العالم اليوم؟ وما تأثيرها على حركة العالم سياسياً وعلمياً واجتماعياً؟ ما هي علاقة التطرّف بانتشار الحروب والعنف في العالم؟

5. ما هو الاعتدال؟ وكيف يمكن تكوين شخصيات معتدلة؟ وما تاثير انتشار الاعتدال على الإنسانية ؟

6. قارن بين وضع البشرية وهي تمر في حروب مستمرة وبين حالها وهي في سلام. ودلل على أرائك من منظور تاريخي بين الأمس واليوم.

عمارة يعقوبيان

7

مختصر حبكة الفيلم:

يعتبر فيلم "عمارة يعقوبيان" بمثابة نافذة على المجتمع المصري خاصة والعربي عامة، ويعرض ما حصل لمصر في فترة تاريخية مهمة من تاريخ الدولة وكذلك كيف تغيّرت التركيبة الاجتماعية بسبب تسلق الناس الطبقات الاجتماعية مما تسبب في حدوث تفسخ اجتماعي على جميع المستويات الاجتماعية وضياع أخلاق الشخصية المصرية. تدور أحداث الفيلم في عمارة وسط القاهرة تم بناؤها من طرف أجنبي سنة 1937، كانت تعتبر أوج التعبير عن الرفاهية و التقدم في عالم سوف يتغير رأسا على عقب. العمارة عبارة عن صورة مصغرة للمجتمع المصري الذي يمثله الخليط غير المتمازج من سكان العمارة فهي مجتمع منقسم بين الاستغلال والنداء إلى المعاصرة والانفتاح وما بين العودة إلى الأصول الإسلامية بتقاليدها وعاداتها. مجتمع يعاني من شدة الفقر والحرمان والظلم ويتخبط في عدة مشاكل مثل البطالة والتسلط وغلاء المعيشة والتحرش الجنسي واستغلال النفوذ والرشوة وعدد من المشاكل الأخرى المرتبطة بتفسخ المجتمع.

سياق وقائع الفيلم:

في هذا الفيلم نتتبع ما يحدث داخل العمارة وخارجها والتي ستصبح مقراً يقطنه خليط سكان غير متمازج ذوو مصائر مختلفة تتداخل فيما بينها وتتباعد بشكل درامي بعدما كان يقيم فيها نخبة من باشاوات وأغنياء البلد. زكي باشا، زير نساء يقضي وقته في شرب الخمر والتمتع بالنساء. يتم طرده من بيت العائلة من قبل أخته. وخالد حاتم رئيس تحرير لواطي ينصب على المحتاجين بتقديم خدمات اجتماعية وما شابه ذلك مستغلا علاقاته الشخصية. والحاج عزام رجل غني متدين لكنه يعيش أحداثا مناقضة لما يؤمن به حيث سيتزوج ثانية لغرض الجنس فقط لكن بعد أن تحمل زوجته الثانية ينكشف لنا وجه الحاج الآخر. طه شاب متعلم حصل على شهادة البكالوريا لكنه يتعرض للتمييز في الحصول على عمل شريف بسبب انتمائه الطبقي رغم أنه

متفوق. ومن هنا يفقد ثقته بالمجتمع و يلتحق بالجماعات الإسلامية. و بثينة شابة تحب طه وكانت تنوي الزواج منه عندما يحصل على عمل، تتحمل مسؤولية أسرتها بعد أن توفي والدها لكنها عانت من التحرش الجنسي في المحلات التي كانت تعمل بها وتنقلت من عمل إلى آخر إلى أن كلفها ملاك، جارها القبطي الذي يضغط عليها للقيام بمهمة قذرة مقابل مبلغ مالي كبير. وهذا ما يجعلها تتعرف على شخصية الباشا أكثر و تعيش معه أحداثاً ستغير حياتها وموقفها منه وترفض المهمة التي كلفت بها.

الفيلم يعرض عدة نهايات مختلفة تتراوح بين الموت والنجاح في التسلق الطبقي والحب الذي ربما سيعيد للبلد تاريخها المجيد عبر علاقة بثينة والباشا.

أسئلة عامة:

1. أين توجد عمارة يعقوبيان؟ و متى تم تشييدها؟

2. من يقطن بها؟

3. لماذا لم يتمكن طه من الحصول على عمل؟

4. ماذا فعل طه بعد أن فشل في الحصول على عمل شريف؟

5. كيف تعرفت بثينة على الباشا؟

القسم الأول: القراءة والفهم والاستيعاب

أسئلة ما قبل المشاهدة:

1. ما هي بعض مظاهر التفسّخ في المجتمع؟ (يكون الأستاذ قد طلب من الطلبة أن يبحثوا في موضوع التفسخ في المجتمع مسبقاً.)

2. ما رأيك في التحرش الجنسي في أماكن العمل؟ هل هو مرضٌ أم انحراف أم استغلال للنفوذ؟ لماذا؟

3. ما رأيك في ممارسة السياسة في أماكن العبادة؟

4. ما الدور الذي يلعبه الدين في المجتمع؟

5. ما رأيك في التعذيب بهدف الحصول على المعلومات؟

6. ماذا تتوقع من الفيلم؟

7. على ماذا يدل عنوان الفيلم؟

8. ماذا يحصل عندما تتغير التركيبة السكانية في المجتمعات؟

9. ما هي بعض مظاهر التغيير، ايجابية كانت أم سلبية؟

10. كيف يمكن إصلاح المجتمع؟

مواضيع للبحث والتقديم الصفي:

ابحث بواسطة استخدام الإنترنت أو كتب ومراجع من المكتبة، إلخ. في المواضيع التالية:

1. جمال عبد الناصر ودوره في تغيير المجتمع المصري.
2. نتائج ثورة 23 يوليو على مصر والشعب المصري.
3. مدينة القاهرة والمشكلة السكانية.

القسم الثاني: المفردات

أهم المفردات والعبارات التي وردت في الفيلم:

الكلمة بالفصحى	المقابل لها بالعامية	المعنى بالإنجليزية
الغرفة	الأوضة	Room
الهم	الهم	Worries, problems
انظر	بص	Look!
أنت دمث ، ظريف	دمك عسل	You're nice
أنا ما زلت	أنا لسه	I'm still
هذا كل ما في الأمر	بس	That's all
أيضاً	كمان	Also, too
ادخل	خش	Come on in
قنوع	عين مليانة	Not greedy
مفتوح	مفتوح	Turned on
أتمنى أن يكون...	على الله يطلع	I hope it turns out to be…
الحكاية	الحكاية	The story

المعنى بالإنجليزية	المقابل لها بالعامية	الكلمة بالفصحى
Thanks	تعيش	شكراً
Upper class	علية القوم	الطبقة العليا
Tyrant	مفتري	ظالم
To each his own	كل شيخ وله طريئة	لكل شخص طريقته
I'll give you	حدّيك	سأعطيك
Stay up late	سهر	سهر
God's gift / thanks to Allah	من فضل الله	من فضل الله
Natural relief	متنفس طبيعي	متنفس طبيعي
Shame on you, man	يا رجل إختشي	عيب يا رجل
God's law	شرع ربنا	شرع الله
Oppose/ go against	اعترض على	اعترض على
I didn't like what they were talking about	كلامهم معجبنيش	لم يعجبني كلامهم
What does your father do?	أبوك بيشتغل إيه؟	ماذا يعمل أباك؟
Like you see	زي منت شايف	كما ترى
Pious	تقي	تقي
I want to contribute/ serve	عاوز أساهم في	أريد أن أساهم في
Give and take	أخد و عطا	أخد و ردّ
The sooner, the better	خير البر عاجله	خير البر عاجله
We worried about you	شغلتنا عليك	أقلقتنا عليك
Without telling me	من غير ما تحكي	من دون أن تتكلم
Infidels	الكفار	الكفار
I want to avenge…	عايز انتئم	أريد أن أنتقم

أكمل الحوار باستخدام الكلمات أو العبارات السابقة:

1. _____ . هكذا أحب أن أدرس.

2. هذا الرئيس _____ و لا يحبه أحد في البلد.

3. _____ . _____ طالب جيد لأن كل أسرته تريده أن ينجح .

4. هو لم يحب ذلك القرار لهذا _____ عليه.

5. كيف حالك؟

   كالعادة، _____ .

6. الام تيريزا كانت امرأة _____ .

7. _____ إذا كنت تحبها فتكلم معها .

8. _____ لا تقل هذا الكلام .

9. ذهبت إلى لويزيانا لأني كنت _____ مساعدة الناس.

10. تركت أصدقائي و عدت إلى بيتي لان _____
    _____ ؟

معاني الكلمات: قابل كل رقم بالحرف الصحيح

1) عينه مليانة	أ) كذلك
2) كمان	ب) أصحاب المال
3) بس	ج) شخص غير جيد
4) علية القوم	ح) عنده مال كثير
5) مفتري	خ) هذا كل شيء

نشاط استماع

شاهد الفصل الثاني (فوق السطوح) واملأ الفراغ بالكلمة المناسبة :

1. أوع تنسى التلفزيون _____.

2. مش كفاية _____ بئا؟ و لا نتي مستنية حبيب الألب؟

3. هو أنا ياخت مكتوب على _____ ليل نهار.

4. أوم أوم ياخت قوليل ايه _____.

5. بكرا الصبح _____ حدوّر على شغل جديد.

القسم الثالث: المحادثة والنقاش

دراسة الشخصيات الرئيسية في الفيلم:

ناقش الشخصيات التالية من حيث المظهر، الحالة النفسية، الوضع الاجتماعي، الخ.:

1. الباشا (زكي)
2. بثينة
3. طه
4. دولة
5. حاتم
6. الحاج
7. زوجة الحاج
8. خالد عبد الرحمان
9. ملاك
10. كمال الفولي (الوزير)
11. عبد ربه

قارن بين الشخصيات التالية:

الشخصية	أوجه الشبه	أوجه الاختلاف
بثينة		
عبد ربه		
طه		
زوجة الحاج		

أكمل المعلومات عن الشخصيات التالية:

الشخصية	الوضع العائلي	الوضع الاجتماعي	ماذا فعل؟
بثينة			
عبد ربه			
طه			
زوجة الحاج			

أسئلة الفهم:

1. ماذا طلبت الأم من بثينة؟

2. ماذا طلب الشاب من الباشا؟و لماذا؟

3. ما رأيك فيما قاله رئيس التحرير عن عدم الحديث عن الأزمة في مصر لإعادة الثقة في السياحة؟

4. ما هي شروط الحاج للزواج؟ ولماذا وضع هذه الشروط؟

5. لماذا قال طه: "الفقر بيفضحنا"؟

6. عن ماذا يتحدث الشاب مع طه؟

7. من هو خالد عبد الرحيم؟

8. ماذا طلب ملاك من بثينة؟ لماذا؟

9. ماذا طلب الحاج من كمال؟

10. بماذا احتفل حاتم و خليله؟

11. ماذا طلبت الزوجة الثانية من الحاج؟

12. ماذا طلب الشيخ من طه؟

13. لماذا يريد طه الانتقام ؟ و ممن؟

14. لماذا قالت بثينة إن كل الناس يريدون مغادرة مصر؟

15. هل نفذت بثينة ما طلبه منها ملاك؟ لماذا؟

16. لماذا طلب الحاج من زوجته التخلص من الجنين؟

17. لماذا هدد كمال بفضح الحاج؟

18. لماذا رمى حاتم الصور خارج البيت؟

19. ماذا حصل في محل بيع السيارات؟

20. لماذا أحضرت أخت الباشا الشرطة لبيت أخيها؟

أجب بـ (صح) أو (خطأ) وصوّب الخطأ:

1. الحاج رجل متدين بالفعل.

2. الوزير له نفوذ كبير.

3. طه شاب متهور.

4. بثينة أصبحت وصولية.

5. أخت الباشا طردته لأنها لا تحبه.

6. الهدية التي أعطاها طه لبثينة كتاب عن الزواج.

7. بثينة استغلت الباشا.

8. مازالت هناك علاقة حب بين الباشا والمغنية.

9. حاتم لام والده ووالدته على ما هو فيه.

10. ابن الحاج كان يعرف بزواج أبيه.

أسئلة الاستيعاب:

الباشا كان يشرب الخمر لأنه:

أ) يشعر بالسعادة.
ب) يحن إلى الماضي.
ج) يمل حياته.
د) رجل غير جيد.
ه) يحب الخمر.

بثينة استسلمت لصاحب المحل:

أ) لأنها أحبته.
ب) للحفاظ على عملها.
ج) لأنها تحب ذلك.
د) لأنه جميل.
ه) لأنها لا تملك حلا آخر.

الحاج رجل متدين لكنه:

أ) طيب.
ب) صادق.
ج) منافق.
د) يحب بلده.
ه) يخاف الله.

زوجة الحاج قبلت بالأمر الواقع:

أ) لأنه لا حول لها ولا قوة.
ب) لم تكن تحب الحاج.
ج) كانت تريد المال فقط.
د) أخوها ضغط عليها.
ه) ستتزوج من جديد.

علاقة الباشا بالمغنية هي:

أ) علاقة حب.
ب) علاقة صداقة.
ج) علاقة عمل.
د) علاقة زمالة.
ه) علاقة عائلية.

المحادثة و تحليل قصة الفيلم (في مجموعات صغيرة):

نموذج مواضيع للمناقشة:

1. لماذا قررت بثينة تغيير عملها؟

2. هل تتفق مع الباشا على أن الحل لكل المشاكل هو راحة البال؟

3. هل دور وسائل الإعلام هو كشف الحقيقة أم التستر عليها؟

4. الفقر يُذهب الأخلاق. هل هذا صحيح؟

5. لماذا أحست بثينة أن البلد لم يعود بلدها؟

6. ما نوع الحديث الذي دار بين الحاج وكمال؟

7. من سيقتسم المال مع الوزير؟

8. ما رأيك في أخلاق الباشا (زكي)؟

9. لماذا التحق طه بالجماعات الإسلامية؟

10. في رأيك، هل أصبحت بثينة وصولية؟

مناقشة:

1. ما تفعل لو تعرضت لمضايقة جنسية؟

2. لنفترض أنك تعرضت لمعاملة مثل طه، ماذا كنت ستفعل؟

3. أيهما أسوأ في رأي الصحفي: الشذوذ أم الزنا؟

4. ما هو دور الموت في الفيلم؟

5. هل علاقة الباشا ببثينة ستغيّر البلد في المستقبل؟

ماذا كنت لتفعل لو كنت:

1. طه.

2. بثينة.

3. عبد ربه.

4. زوجة الحاج.

5. ابن الحاج.

تمثيل / تشخيص:

إختر دوراً من الأدوار التالية وقم بتحضير تمثيلية للصف مع زملائك:

1. حوار بين بثينة و طه يتناقشان فيه حول الزواج.

2. حوار بين الباشا وأخته يتكلمان فيه عن من له الحق في ملكية البيت.

3. حوار بين زوجة الحاج والحاج تحاول فيه زوجته إقناعه بقبول الابن.

4. حوار بين طه والشرطي أثناء الاستنطاق.

القسم الرابع: الكتابة

1. ابحث واكتب فقرة عن "لوجورنال دجيبت".

2. ما رأيك في الحصول على المعلومات بواسطة التعذيب؟ هل هذا عمل قانوني أم أخلاقي أم إجرامي، إلخ؟

3. كيف يتغير الإنسان عندما يتسلق من طبقة إلى أخرى؟

8
علي زاوا
FILM MOVEMENT PRESENTS
A FILM BY NABIL AYOUCH
WINNER
STOCKHOLM
FILM FESTIVAL
WINNER
MONTREAL WORLD
FILM FESTIVAL
WINNER
BUSTER INT'L
CHILDREN'S
FILM FESTIVAL
OFFICIAL SELECTION
SUNDANCE
FILM FESTIVAL
Ali Zaoua
PRINCE OF THE STREETS
OWN THE FILM MOVEMENT SERIES
WWW.FILMMOVEMENT.COM

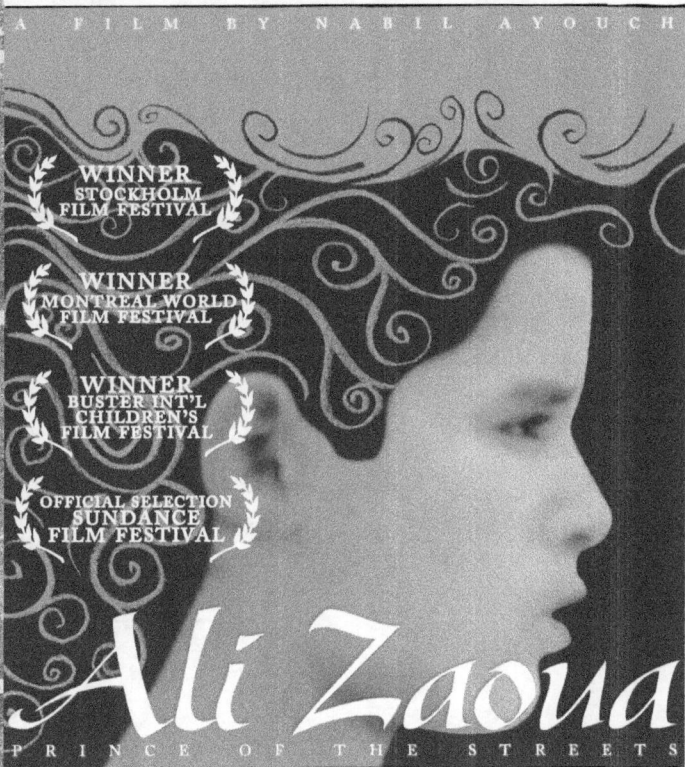

مختصر حبكة الفيلم:

"علي زاوا" فيلم مغربي كتب قصته نبيل عيوش ونتالي سوجون وأخرجه نبيل عيوش سنة 1999. وقد حصل الفيلم على العديد من الجوائز العالمية. يعرض الفيلم علاقة البراءة والحلم والتمرد في مواجهة القمع والقهر الذي نجح المخرج في نقل مشاهده بشكل رائع معتمداً في ذلك على أطفال شوارع حقيقيين.

"علي زاوا" يمثل حلم رفض الواقع الذي يواجه بقوة عنيفة: هروب من الواقع الأسري إلى حياة الشوارع القاسية ورفض التسلط والاعتداء حتى لو كان ثمن ذلك الموت. "علي زاوا" سيترك حلم كبير مع أصدقائه ومسؤولية مواصلته للتخلص من واقعهم المر. يموت علي ليحيا رفاقه الذين سيتبنون مسؤولية تحقيق حلمه و من هنا يبدأ الأطفال في الحلم: الزواج من امرأة جميلة، انتظار عم سيغير الواقع إلى آخر أحسن، استرجاع الكرامة عندما يتوقف الاغتصاب.

يحكي لنا الفيلم كيف يستطيع أطفال الشوارع الحفاظ على كرامتهم بالحفاظ على سلامة بعضهم بعضا واقتسام أحلامهم الصغيرة التي تحميهم من السقوط ضحايا مرة أخرى. في نهاية الفيلم يجتمع الكل لحضور مراسم الدفن والتحرر في نفس الوقت أمام أعين "الديب وجماعته" التي يمكن أن تبدأ في الحلم أيضا في يوم من الأيام. فالموت مجرد بداية لحياة أفضل.

سياق وقائع الفيلم:

في ميناء وشوارع الدار البيضاء بالمغرب،.علي، كويط ، بوبكر وعمر أطفال شوارع يعيشون يومهم يبيعون السجائر بالتقسيط أو يتسولون للحصول على بعض الدراهم . يقتاتون ما يجدونه ويحاولون الحفاظ على كرامتهم والهروب من عالمهم إلى عالم الأحلام، عالم بعيد عن الواقع الأخرس والظلم والاستغلال بكل أشكاله

البشعة الذي يجسده "الديب". لكن بعد أن قرروا مغادرة المجموعة بحثاً عن بديل مغاير لواقعهم التعس بدأت معاناتهم اليومية مع "الديب" وعصابته لأنه يريدهم أن يعودوا إليه. كل هذه المعاناة خلقت علاقة وطيدة بين هؤلاء الأطفال الأربعة الذين يحاولون حماية بعضهم بعضا، لكن كل المعاناة التي يتعرضون لها لن تعيق سعيهم إلى محاولة تحقيق أحلامهم. كان عليّ يحلم بأن يصبح بحاراً و يسافر إلى جزيرة أحلامه ذات الشمسين التي كان دائما يتكلم عنها، جزيرة خلقها عليّ في ذهنه ليهرب إليها وهو يسمع أمه العاهرة تجالس زبائنها الذين تجلبهم إلى البيت. لكن هذا الحلم انتهى عندما أطلق عليه النار أحد أفراد عصابة "الديب" وأرداه قتيلا. ماذا يفعل رفاقه كويط و بوبكر وعمر؟ قرروا دفنه كما يدفن الأمير في البحر، لهذا وضعوه في حفرة في الميناء في انتظار جمع المال الكافي لمراسم الدفن. موت عليّ زاوا بعث الحياة في نفوس أصدقائه ودفعهم إلى البحث عن ماضيه الذي لا يعرفون عنه الكثير.

ومن هنا تبدأ قصة أخرى داخل الفيلم ونتعرف على والدة عليّ وصديقه البحار العجوز الذي كان سيأخذه معه إلى الجزيرة ذات الشمسين.

أسئلة عامة:

1. لماذا قرر عليّ ورفاقه مغادرة مجموعة "الديب"؟

2. بماذا كان يحلم عليّ؟

3. كيف كان يهرب بعض الأطفال من واقعهم اليومي؟

4. كيف كانت الحياة مع مجموعة "الديب" ؟

5. هل استطاع كويط وبوبكر وعمر تحقيق "حلم" عليّ؟

القسم الأول: القراءة والفهم والاستيعاب

أسئلة ما قبل المشاهدة:

1. كيف تفسر ظاهرة أطفال الشوارع؟

2. من يتحمل مسؤولية هذه الآفة؟

3. كيف يمكن إعادة تأهيل هؤلاء الأطفال؟

4. ما هو موقف الدين من هؤلاء الأطفال؟

5. كيف يمكن مواجهة الظلم والتسلّط؟

6. كيف هي حياة أطفال الشوارع؟

7. لماذا يختار الأطفال الهروب من عائلاتهم؟

8. هل ستتغير شخصيات الفيلم ؟ كيف ؟

9. هل تعتبر الأحلام بداية للتمرد؟

10. هل يجب أن يكون التمرّد فردياً أم جماعياً؟

مواضيع للبحث و التقديم الصفي:

ابحث بواسطة استخدام الإنترنت أو كتب ومراجع من المكتبة الخ. في المواضيع التالية:

1. ماذا تعرف عن أطفال الشوارع؟
2. كيف يساعد الحلم على تحمل كل الصعوبات؟
3. كيف يعيش الناس في ظل الظلم؟
4. كيف يمكن للإنسان أن يحافظ على كرامته؟

القسم الثاني: المفردات

أهم المفردات والعبارات التي وردت في الفيلم:

الكلمة بالفصحى	المقابل لها بالعامية	المعنى بالإنجليزية
قذف	قدف	Row
عرقان	عرقان	Sweating
جميلة	زوينة	Pretty, beautiful
كم عمرك؟	شحال فعمرك	How old are you?
بحارة	بحري	Sailor
خذ	هاك	Take, here you are
هل صحيح؟	واش بصح؟	Is it true?
هذا كل شيء	صاف	That’s all
جزيرة	دزير	Island

المعنى بالإنجليزية	المقابل لها بالعامية	الكلمة بالفصحى
My, mine	ديالي	مُلكي
I will	غادي	سآتي
Why	علاش	لماذا؟
What's this?	أشن هدي؟	ما هذه؟
What do you want?	آش بغتي؟	ماذا تريد؟
We won't go back	ما رجعينش	لن نرجع
He defecated	خر	تبرز
Guards	لعساسة	ظالم
It isn't possible	مايمكنش	لا يمكن
A miserable situation	مقوده	سيئة
Nobles	الشرفه	الشرفاء
How much is the burial?	بشحال الدفين؟	بكم الدفن
I have never stolen before	عمري مسرقت	لم أسرق أبدا
Run away	علقوا	هربوا
Where?	فاين؟	أين؟
Burial	الدفن	الدفن
Prostitute	قحبة	عاهرة
Shroud	كفن	كفن
Why did he say....?	علاش قال...	لماذا قال...
Junky	شمكار	شخص يتعاطى للمخدرات
Stinky	خانز	نتن
Filthy	معفون	وسخ
Wait for me	تسنوني	انتظروني
Don't fight	ماتضربوش	لا تتضاربوا
You promised me	عطيتيني الكلمة	وعدتني

أكمل الجمل باستخدام الكلمات أو العبارات السابقة:

1. _____ ؟ أنا لا أعرف ما تريده.

2. هذه المدينة _____ .

3. لا تنس أنك ستذهب معي لأنك _____ .
_____ .

4. أنا _____ لأنني أعمل كثيراً.

5. عندما يموت الإنسان في أمريكا _____ غالي جدا.

6. هذا غير جيد. _____ هذا الكلام؟

7. _____ كنت أمس؟

8. أنا سأذهب معكم إلى المكتبة _____ .

9. "بوباي" _____ شجاع و قوي.

10. أ – _____ ؟

ب – عمري 15 سنة.

طابق الأرقام مع الأحرف الصحيحة التي تعطي عكس الكلمة:

1. معفون	أ- يمكن
2. صاف	ب- لا تنتظرونني
3. مقودة	ت- استمر
4. مايمكنش	ث- نظيف
5. تسنوني	ج- جميلة

استمع إلى المقدمة واكتب الكلمة المناسبة بالفراغ:

1. بقيت _____. مواج كبار والشمس كتحرق وأنا كنحس بالعي. مبقيتش قدر نزيد وبانت لي واحد _____. لمر _____ باركه تسناني. ملي شافتني ضحكات وحت أنا ضحكت. طلعت معي لباطو. شديت بيديها باش ما طيحش حيت لباطو مراسيش. الريح بدات كتسوط. هزيت لقلوع د لباطووبد غادي على جهدو.

2. و من بعد؟

3. صاف دك ساعة فقت من النعاس.

4. _____ _____ ؟

5. خمسطاش.

6. و فنهار آش كتدير؟

7. حاط عيني على لمدينة.

8. علي. تفقنامن لول تفلي ممعاناش. صحابك قلولي كتجر طموبيلات غير بسنانك. _____ _____ ؟

9. ايه. ساهلة. كربط لحبل ف لمرايات ديال جنب. كنج قدام طموبيل و كنشد لحبل من الوسط. بحال هكدا. كندرو بين سناني و كنبد جار.

10. و من بعد؟

11. _____. طموبله كتم جايه بوحدها. مل كنت صغير كانوا كيسموني علي سنان لهند.

12. مل تكبر أعلي، أشمن حرفة غادي تختار؟

13. _____.

14. إييه! و علاش بحري؟

15. عزيز علي لبحر.

16. هاد شي علاش.

17. هاد شي لي كنبغي صاف.

18. وشكون لي كيوكلك؟ كيكسيك؟

19. كنخدم و كندبر هنا و هنا. مكنبرفت فنا شوحد. عوال على راسي.

20. و علاش هربتي من الدار؟

21. مهربتش.

22. _____ خرجت؟

23. لوالدة طمعت لي فعيني بغات بكرفهم

24. بغات آش؟

25. بغات تبيعهم.

26. كتهدر بصح؟

27. ملي _____ صغير، أنا كنغير على طموبيل كحله و كبيره. مولاها كيهدر ففي شكل. بحال لي داي من شي بلاد خرى. الولدة سيفطتني نتسخر. فبلاصت ما نمشي ، سمرته لها لباب و سمعت لهدر لي قال ليها. قال ليها مغدي يحس بوالو و هي فبلاصت مغتبق مكرفس بحال هكا غد تولي لباس عليها. هاد شي كله سمعت بودني. و قلت مع رسي آش نبق ندير مع وليد بحال هدي.

28. وفين مشيتي؟

29. زنقة.

30. ووالديك مقلبوش عليك؟ معودتيش شفتيهم؟

31. و فين هما دب؟

32. _____.

القسم الثالث: المحادثة والنقاش

دراسة وتحليل شخصيات الفيلم:

ناقش الشخصيات التالية من حيث المظهر والحالة النفسية والوضع الاجتماعي، الخ:

1. علي
2. بوبكر
3. عمر
4. كويط
5. الديب
6. الريس حميد
7. خالتي زاوا
8. عيش قنديشة
9. عم بوبكر

ناقش الأسئلة التالية:

1. لماذا قرر علي الهروب من البيت إلى الشارع؟
2. ما هي أوجه الاختلاف والشبه بين علي و كويط؟
3. ما هو أفضل وصف لشخصية "الديب"؟ لماذا؟
4. ماذا يمثل "عم بوبكر" ؟
5. من هي المرأة التي تسكن قرب الميناء و إلى ماذا ترمز؟

أسئلة الفهم والإستيعاب:

1. بماذا كان يحلم عليّ؟

2. لماذا لقب عليّ بـ"سنان الهند"؟

3. لماذا سرق كويطه النقود؟

4. لماذا ذبح الديب الدجاجة؟

5. ماذا تذكر عمر وهو جالس مع كويط أمام بيت أم عليّ؟

6. لماذا اشترت أم عليّ راديو ومسجل لعليّ؟

7. لماذا ترك عليّاً أمه؟

8. لماذا رفض كويط أن يعود إلى المجموعة؟

9. لماذا جاء الحراس للبحث عن الأطفال؟

10. ماذا وجد الأطفال في المخبأ؟

11. لماذا قال بوبكر أنه يريد أن يموت؟

12. لماذا قال أحد الأطفال أن عليّاً ينظر إليهم وهو فرح؟

13. لماذا قال أحد الأطفال أن عليّاً ربما يتعذب ويصرخ؟

14. كيف تخيل الأطفال حياتهم بعد الموت؟

15. كيف يتصور الأطفال الجنة؟

المحادثة و تحليل قصة الفيلم (في مجموعات صغيرة):

أمثلة على مواضيع المناقشة:

1. لماذا سرق كويط محفظة نقود الطالبة؟ هل هو لص؟
2. كيف أصبح الديب قائداً للعصابة؟
3. لماذا أراد الديب أن يعود عليّ ورفاقه إلى المجموعة؟
4. لو تكلم الديب، ماذا كان سيقول يوم الدفن؟ لماذا؟
5. أين تم دفن عليّ؟ ولماذا اختير هذا الموقع؟
6. لماذا رفع الأطفال راية القراصنة فوق القارب الصغير؟
7. هل سيستمر الديب في قيادة المجموعة؟
8. هل المرأة التي تسكن قرب الميناء حقيقية؟
9. لماذا قرر البحار العجوز مساعدة عليّ؟
10. في رأيك، أين تقع "جزيرة" عليّ؟

مناقشة:

1. تعتبر التضحية بالنفس وبالمال والبنون ليعيش الآخرون شجاعة و نبل لا مثيل لها.
2. الخنوع و قبول الظلم خوفاً من عواقب التمرد أو فقدان وظيفة أو مال شعور إنساني طبيعي جدا.
3. لا يجب أن تكون للإنسان أحلام أكبر من مؤهلاته وقوته وكفاءته، و إلا لضاع.

لعب الأدوار:

إختر دوراً من الأدوار التالية وقم بتحضير تمثيلية للصف مع زملائك:

1. حوار بين عليّ والبحار العجوز حول سفره إلى الجزيرة.

2. حوار بين كويط والطالبة يفسر سبب سرقة محفظة نقودها.

3. حوار بين أحد الأطفال والمرأة التي تسكن في الميناء.

4. حوار بين عليّ ووالدته قبل أن يهرب من البيت حول عدم رضاه عما يجري في البيت.

القسم الرابع: الكتابة

1. اكتب نهاية أخرى للفيلم؟

2. ما الدور الذي يلعبه البحر في الفيلم؟

3. لماذا حمل الأطفال راية القراصنة والى أية إشارة تاريخية ترمز؟

9
الرحلة الكبرى
FILM MOVEMENT PRESENTS
OFFICIAL SELECTION TORONTO INT'L FILM FESTIVAL
OFFICIAL SELECTION NEW DIRECTORS/ NEW FILMS
OFFICIAL SELECTION SEATTLE INT'L FILM FESTIVAL
WINNER VENICE FILM FESTIVAL
LE GRAND VOYAGE
A FILM BY ISMAËL FERROUKHI
OWN THE FILM MOVEMENT SERIES
WWW.FILMMOVEMENT.COM

مختصر حبكة الفيلم:

"الرحلة الكبرى" أول فيلم يتم الترخيص بتصويره في مكة المكرمة من تأليف وإخراج إسماعيل فرّوخي وهو مخرج فرنسي من أصل مغربي، سنة 2004. وقد فاز الفيلم بجائزة في مهرجان البندقية السينمائي المخصصة لأول عمل روائي. لعب دور الوالد، الممثل المغربي الكبير محمد مجد، و دور الابن رضا، الممثل الفرنسي نيكولا كازالي.

يناقش الفيلم علاقة أبناء المهاجرين بثقافة وعادات آبائهم، وكذلك مشكلة اللغة الأصلية مقابل لغة البلد المضيف. الابن أبعدته الحياة الفرنسية عن أصله وبها حصلت فجوة بينه وبين والده الذي يرفض التكلم باللغة الفرنسية ويحتفظ بشخصية الإنسان العربي الذي لا كلمة فوق كلمته. ورسالة الفيلم هي أن أبناء الجالية العربية الإسلامية يحملون مسؤولية التعرف على أصلهم وثقافتهم ودينهم ولغة آبائهم لتسهيل عملية التواصل بينهم وبين ثقافة البلد الذي ولدوا فيه والدين الإسلامي وذلك عبر تقديم صورة حقيقية عن الدين الإسلامي للغرب من خلال ممارسات وأخلاق عريقة. فمن لقطة إلى أخرى يقدم لنا الفيلم صورة عن الإسلام وفلسفة التسامح ومساعدة الآخرين دون إغفال تقديم تعريف لأركان الإسلام.

سياق وقائع الفيلم:

يحكي الفيلم، الذي تدور أحداثه في سيارة "بيجو" صغيرة، قصة رحلة من فرنسا إلى مكة المكرمة عبر أوروبا والشرق الأوسط.

ذات يوم يقرر رجل القيام بفريضة الحج ويطلب من أصغر أبنائه مرافقته للحج لأن ابنه الكبير لا يمكنه السواقة لأن الشرطة حجزت رخصته لأنه كان سكرانا. يقبل

الابن الأصغر على مضض لأنه لا يمكنه رفض طلب أبيه التقليدي رغم امتحان البكالوريا الذي ينتظره. الأب هاجر من المغرب إلى فرنسا منذ ثلاثين سنة، تزوج وأنجب وعاش في فرنسا منذ ذلك الحين. كل أبنائه يتكلمون اللغة الفرنسية ويعيشون مثل باقي الناس في فرنسا لكن الأب مازال يتكلم العربية معهم و يرفض التحدث باللغة الفرنسية رغم أنه يعرفها جيدا. خلال الرحلة نعيش أحداثا ومواقف بين الأب وابنه تنم عن عدم التفاهم بين الجيلين. الابن تشبّع بثقافة الغرب في حين أن الوالد ما زال مرتبطاً بثقافته وعاداته وتقاليده رغم وجوده في الغرب لمدة طويلة.

من لقطة إلى أخرى يبدأ الابن في اكتشاف أبيه وتبدأ علاقة جديدة في التكوّن من خلال المواجهة وأسئلة الابن لوالده عن الإسلام ولماذا يتوجب عليهم السواقة عوضاً عن السفر بالطائرة. وكذلك مراقبة تصرف الوالد الذي يبدو كأنه لا يعرف الكثير، ولا يتكلم كثيرا، وتعامله اليومي وهما يعبران بلدان لا يعرفان لغتها دون أن يشكل ذلك مشكلة للوالد بينما الابن يشعر بالاستفزاز من عدم معرفة ما يجب عمله في مثل هذه المواقف. ومن هنا تبدأ علاقة جديدة لتنتهي بفهم أكثر للوالد وما يؤمن به، واستعداد الابن لتحمل مسؤوليات جديدة بعد أن نضج خلال هذه الرحلة الكبرى.

أسئلة عامة:

1. من كتب سيناريو هذا الفيلم؟

2. ما هو موضوع الفيلم الرئيسي؟

3. لماذا لم يرفض الابن طلب أبيه؟

4. كيف بدأ الابن باكتشاف أبيه ؟

5. هل استطاع الابن أن يفهم أباه في نهاية الفيلم؟

القسم الأول: القراءة والفهم والاستيعاب

أسئلة ما قبل المشاهدة:

1. هل تتكلم كثيرا مع أبويك؟ عن ماذا تتحدثون؟

2. ما رأيك في ازدواجية اللغة وسط المهاجرين؟

3. هل اللغة تعيق التواصل؟

4. ماذا يفعل الناس عندما يكبرون في السن في الغرب؟

5. كيف هي علاقة الأبناء بآبائهم في الغرب؟

6. لماذا تعتبر هذه الرحلة "كبرى"؟

7. إلى أين كانت هذه الرحلة؟

8. ماذا سيحدث خلال هذه الرحلة ؟

9. هل ستتغير شخصيات الفيلم ؟وكيف ؟

10. كيف تتوقعون النهاية؟ و لماذا؟

مواضيع للبحث والتقديم الصفي:

ابحث بواسطة استخدام الإنترنت أو كتب ومراجع من المكتبة الخ. في المواضيع التالية:

1. ما هي أركان الإسلام؟

2. متى يذهب المسلمون لأداء فريضة الحج؟

3. ما هي بعض مشاكل أبناء المهاجرين العرب في أوروبا؟

4. هل يجب على المهاجرين التحدث فقط بلغة البلد أم بلغتهم الأصلية أيضا؟

5. ما هي المشاكل التي يواجهها الجيل الأول من المهاجرين عادة ؟

القسم الثاني: المفردات

أهم المفردات والعبارات التي وردت في الفيلم:

الكلمة بالفصحى	المقابل لها بالعامية	المعنى بالإنجليزية
أين كنت؟	فين كنت؟	Where were you?
إنه يبحث عنك	يقلب عليك	He's looking for you
الشرطة	جدرمية	Police/ Gendarmes
سكران	سكران	Drunk
لا أريد	مابغيش	I don't want
فكرت	خممت	I thought
لن أوصيك	مغديش نوصيك	I won't tell you
ادعو معنا	دعيو معنا	Pray for us
السرعة	الزربة	Speed

الكلمة بالفصحى	المقابل لها بالعامية	المعنى بالإنجليزية
لماذا؟	علاش؟	Why?
يجب أن أصلي	خصني نصلي	I have to pray
عنيد	معكس	Stubborn
ماذا تنتظر؟	آش كتسن؟	What are you waiting for?
سنمضي الليلة هنا	نباتو هنا	We'll spend the night here
إلى أين أنت ذاهب؟	فين غادي؟	Where are you going?
لنأخدها معنا	نديوها معانا	Let's take her with us
ماذا سنفعل؟	آش غدي نديرو	What can we do?
اتركها	خليها	Leave her
سأدفع أجرة الفندق	غادي نخلص لوطيل	I'll pay the hotel
السحاب	السحاب	Clouds
يتبخر	يتبخر	Evaporate
طاهر	طاهر	Pure
حصان	عود	Horse
المصحف ـ القرآن	المصحف	Quran
أمامنا طريق طويل	تبعان الطريق	We have a long way to go
احذر منه	حضي منو	Don't trust him
أعرف كيف أتصرف	كنعرف نتصرف	I know what to do
من الآن أنت حر	من دب راك حر	From now on you're free
انظر	شوف	Look
الشجاعة	الشجاعة	Courage
مقدّس	مقدّس	Holy
ضيوف	ضياف	Guests
دونك أنت	بالبيك نت	Without you
اسبوع	سمانا	A week

أكمل الحوار باستخدام الكلمات أو العبارات السابقة:

1. أنا _____ نسافر معك.

2. _____ _____ لكن يجب أن تدرس جيدا.

3. ماء البحر _____ ويصبح مطرا.

4. والدي عنده _____ مصحف يقرأ فيه قبل وبعد الصلاة.

5. لا يجب أن تتعامل مع هذا الرجل و _____.

6. _____ كثيرا قبل أن أقرر؟

7. هي تريد أن تذهب معنا إلى المكتبة _____.

8. _____ لا يمكنني أن أنجح في الامتحان.

9. مكة المكرمة مكان _____ عند المسلمين.

10. نحن أذكياء جدا و _____ _____.

إختر الكلمة المناسبة:

1. _____ في الأمور المهمة ليست جيدة.

   أ ـ الزربة   ب ـ السحاب   ت ـ المصحف

2. يا أحمد، _____ الليلة.

   أ ـ شوف   ب ـ خليها   ت ـ فين غادي

3. في رأيك _____ _____ بخصوص هذه المشكلة.

   أ ـ من دب راك حر   ب ـ آش كتسن   ت ـ آش غدي نديرو

4. ليس لدي وقت _____.

   أ ـ تابعان الطريق   ب ـ نديوها معان   ت ـ يقلب عليك

5. لازم تكون عندك _____ الكافية لتواجهه.

   أ ـ سكران   ب ـ الجدرمية   ت ـ الشجاعة

قابل كل حرف بالرقم الصحيح:

أ ـ مقدس	1. يركبه الفارس
ب ـ السحاب	2. يحضرون إلى بيتك
ت ـ عود	3. يحترمه و يقدره الناس
ث ـ ضياف	4. شخص لا يسمع لأي أحد
ج ـ معكس	5. يتحول إلى مطر

القسم الثالث: المحادثة والنقاش

الشخصيات الرئيسية في الفيلم:

ناقش الشخصيات التالية من حيث المظهر، الحالة النفسية، الوضع الاجتماعي، إلخ:

1. الأخ الأكبر خالد

2. رضا

3. الوالد

4. المرأة الغريبة

5. مصطفي

ناقش الشخصيات التالية:

1. لماذا قرر الوالد قضاء معظم وقت السفر مع ابنه بالسيارة؟

2. قارن بين خالد، الأخ الأكبر و رضا. ما هي أوجه الاختلاف والتشابه؟

3. ماذا تفعل لو كنت في مكان رضا؟

4. ما هو دور "اليسا" في الفيلم؟

5. لماذا استعمل المخرج شخصية مصطفى؟

أسئلة الفهم:

1. ماذا طلب الوالد من ابنه؟

2. هل كان الولد فرحاً بالسفر مع والده؟

3. لماذا طلب الابن من والده زيارة ميلان؟

4. لماذا رمى الوالد الهاتف المحمول؟

5. ما هي طبيعة "التوتر" بين الابن والوالد؟

6. لماذا يرفض الوالد التحدث باللغة الفرنسية؟

7. لماذا اختار الوالد الذهاب إلى الحج في السيارة؟

8. ماذا تذكر الوالد وهو يتكلم مع ابنه؟

9. كيف تحول دور الابن عندما مرض الوالد؟

10. ماذا حدث لمصطفى عندما عاد من فرنسا إلى تركيا؟

11. لماذا لا يثق الوالد بمصطفى؟

12. ماذا فعل مصطفى؟

13. كم تبعد دمشق عن محطة البنزين؟

14. لماذا صفع الوالد ابنه؟

15. كيف سيتغير رضا؟

أجب بـ (صح) أو (خطأ) وصوّب الخطأ:

1. قبل الابن مرافقه والده بفرح .

2. أنهى الابن دراسته الثانوية بنجاح.

3. اختار الأب ابنه الأصغر لأنه هو الوحيد الذي يعرف السياقة.

4. الوالد يعرف اللغة الفرنسية جيدا.

5. كانت اللغة عائقا خلال الرحلة.

6. الأب لا يريد أن يفكر ابنه في صديقته "ليسا".

7. حذر الوالد ابنه من مصطفى.

8. الحج بالسيارة أفضل من الحج بالطائرة.

9. كانت الرحلة سهلة جدا.

10. تعرّف الابن على أبيه و فهمه أكثر من ذي قبل.

الاستنتاج:

إختر الإجابة الصحيحة:

1. بعد العودة من مناسك الحج مع والده كان خالد ينوي:
   - أ- شراء سيارة جديدة.
   - ب- التوقف عن شرب الخمر و بدء الصلاة.
   - ت- الالتحاق بالجامعة.

2. لماذا قال الابن لوالده أنه لا يفهمه؟
   - أ- لأنه لا يتكلم اللغة الفرنسية.
   - ب- لأنه لم يذهب إلى الجامعة.
   - ت- لأنه يعارضه.

3. بماذا يذكركم رضا وهو واقف فوق السيارة؟
   - أ- بأبيه و هو صغير.
   - ب- بالمؤذن.
   - ت- بأخيه خالد.

4. لماذا قرر الوالد بيع السيارة في دمشق؟
   - أ- لأنهما لم يبق معهما مال.
   - ب- لشراء تذكرة طائرة لابنه.
   - ت- لأنه أراد أن يشتري سيارة جديدة.

5. لماذا وضع الأب صورة "اليسا" فوق مقود السيارة؟
   - أ- لأنه أراده أن يفكر فيها عندما يعلم بوفاته.
   - ب- لأنه لا يريدها معه.
   - ت- لأن الصورة قديمة.

المحادثة و تحليل قصة الفيلم (في مجموعات صغيرة):

نموذج مواضيع للمناقشة:

1. هل يفهم الوالد أولاده؟
2. لماذا قرر الوالد الذهاب برفقة ابنه الأصغر؟
3. لماذا كان رضا يتوقف عن الكلام في التلفون كلما حضر والده؟
4. ماذا استفاد كل واحد منهما من الرحلة؟
5. ما هو دور العادات والتقاليد التي يمثلها الوالد في المجتمع؟
6. ما رأيك في نهاية الفيلم؟
7. إلى ماذا ترمز السيارة؟
8. هل هذه الطريقة هي المثلى للمصالحة مع الذات؟
9. كيف تفسر ما قاله الأب عن تبخر ماء البحر إلى السماء؟
10. ماذا تعلمت عن الإسلام من هذا الفيلم؟

مناقشة:

1. الهجرة من العالم العربي الإسلامي إلى البلدان الغربية سيف ذو حدين فبالنسبة للجيل الأول هناك عدة مشاكل مرتبطة بالأسرة وبتربية الأبناء وتصادم الثقافتين الأصلية والمضيفة......

2. تعتبر اللغة من أهم أدوات التواصل الاجتماعي، لكن في ظل العولمة والسوق المفتوحة والإنترنت أثبت الوالد أن الناس يمكن أن يتواصلوا دون لغة مشتركة......

3. عندما يكبر المرء و يكبر أولاده يحاول التوصل إلى مصالحة مع نفسه و تحضير نفسه للقاء ربه في العالم الآخر مثل الوالد في الفيلم.....

تمثيل / تشخيص:

إختر دوراً من الأدوار التالية وقم بتحضير تمثيلية للصف:

1. حوار بين رضا و خالد عندما عاد رضا إلى فرنسا.
2. حوار بين رضا و صديقته اليسا عن الرحلة و ما تعلمه رضا خلالها.
3. حوار بين رضا و صديق فرنسي حول الإسلام.
4. حوار بين رضا والدته حول والده.

القسم الرابع: الكتابة

1. اكتب بحثاً عن التصوف في الإسلام؟
2. ابحث عن موضوع فريضة الحج؟
3. قارن بين فيلمي "الرحلة الكبرى" و "ضاع في الترجمة"[1].

---
[1] Lost in Translation

Credits

Photo Credits

Cover	Jesse Karjalainen/istockphoto
Page 1	Courtesy of Hanna Elias/Jarmaq Films
Page 23	Courtesy of Arab Film Distribution
Page 41	Richard T. Nowitz/CORBIS
Page 59	Karen Moller/istockphoto
Page 77	Bettmann/CORBIS
Page 93	Kjell Brynildsen/istockphoto
Page 109	Rafik El Raheb/istockphoto
Page 125	Courtesy of Film Movement
Page 139	Courtesy of Film Movement

Image Credits

Film Background	javarman3/istockphoto
Film Strip Images	dra_schwartz/istockphoto
Photo Frame Images	suprun/istockphoto